희망 자리

희망 자리

추미애

열린지평

모두 망설이며 어느 누구도 쉽게 나서지 못할 때 어려운 일을 맡아달라는 부탁을 받았고, 저는 그 책임을 외면하지 않았습니다. 그 이유는 단순했습니다. 어려운 상황 속에서 힘겨운 삶의 무게를 감당해야 하는 사람들 모습이 마음에서 떠나지 않았기 때문입니다.

그 사람들 모습이 자꾸 눈에 밟혔습니다. 불합리한 상황인데도 자신의 목소리를 내지 못하고, 기회가 주어졌는데도 그 앞에서 돌아설 수밖에 없었던 사람들. 그 얼굴들을 결코 잊을 수 없었기에 저는 개혁을 선택했습니다.

주어진 과제가 있다면 아무리 어려운 일이라 하더라도 끝까지 풀어내는 것, 그것이 제가 정치를 해온 방식이었습니다. 그래서 많은 분들이 저를 개혁가로 기억합니다.

이제 그 흔들리지 않는 소신을 혁신하는 행정으로 풀어내려고 합니다. 경기도는 사람과 산업, 기술과 문화가 모이는 대한민국의 심장입니다. 수많은 자원과 잠재력을 지닌 이곳이 누군가에게는 출발선이 되고, 누군가에게는 다시 희망을 키우는 보금자리가 되어야 합니다. 저는 경기도가 희망이 자리 잡는 '희망 자리'가 될 수 있도록 경기도민 여러분과 함께 만들어가고자 합니다.

2026년 정월

추미애

차례

눈에 밟혔어요, 사람들이

가족

· · ·

　불안의 시대다. 불확실한 시대다. 변화의 속도가 너무 빨라서 미래를 장담할 수도, 예측할 수도 없는 시대다.

　나는 대구에서 세탁소를 하는 부모님의 둘째 딸로 태어났다. 갑자기 직장을 잃게 된 아버지가 퇴직금으로 세탁소를 차리신 것이다. 자영업으로 새 출발을 시도하신 것인데, 내가 세 살이던 무렵 도둑을 맞는 바람에 세탁소 운영이 어려워지게 되자 어쩔 수 없이 세탁소 문을 닫게 되었다.

　그 후 일터에 뛰어든 어머니는 경산에 사시는 외할머니에게 어린 나의 양육을 부탁했고, 한동안 나는 부모님과 떨어져 외가에서 지냈다.

　그리고 초등학교에 입학할 때 다시 대구에 사시는 부모님에게 오게 되었다. 그 무렵에도 살림살이가 나아지지 않았던 터라 우리 가족은 단칸방 사글세를 전전해야 했다.

여섯 식구가 한 방에서 옹기종기 살을 맞대고 누워 자야 했는데, 나는 그 시절이 더없이 행복했다. 내가 뭘 잘못했을 때도 부모님은 무슨 이유가 있었을 거라며 나를 믿어주고 지지해주셨기 때문이다.

그런 부모님 덕분에 나는 잘못을 저질렀을 때조차 불안해하거나 피하거나 거짓말을 하지 않고 솔직하게 말하는 용기를 낼 수 있었다. 집에 있는 꼬꼬닭 모양의 흙 저금통을 깨뜨려 알사탕을 사서 친구들과 나눠 먹었을 때도 부모님은 나를 혼내지 않았다.

그래서 물질적으로는 가난했지만, 가난이 나를 불안하게 하거나 불행하게 만들지 않았다. 그 대신 부모님은 남의 억울함을 바라보기만 하고 침묵하면 안 된다고 가르치셨다. 정의로움과 정직함은 부모님이 들려주신 이야기들의 단골 주제였다.

부모님은 나의 안전하고 든든한 울타리였으며, 내가 자라는 모습을 늘 관심을 갖고 지켜보셨다. 그때는 미처 깨닫지 못했지만, 그러한 믿음이 내가 건강하게 자랄 수 있게 해주는 보약이었다는 생각이 든다.

그런데 판사 시절에 세 아이를 낳고 기르는 동안 나는 내 부모님과 달리 엄마 역할을 제대로 해주지 못하고 늘 동동거렸다. 아이들만 집에 둔 채 서둘러 출근해야 할 때도 있었고, 퇴근이 늦어질 때면 깜깜한 집안에서 아이들끼리 서로 부둥켜안고 엄마가 돌아오기만을 기다리게 한 적도 있었다.

배고픈 세 아이들이 깜깜한 집안에서 감당해야 했던 불안과 공포를 심각하게 여기지도 못했다. 어쩌면 내가 잘 자랐듯이, 내 아이들도 바쁜 엄마가 직장일과 공무에 몰두하는 동안 스스로 알아서 잘 해낼 것이라고 막연히 믿고 싶었던 것인지도 모른다.

아동기에 부모로부터 받는 심리적인 안정감이 결핍되었을 때 불안으로 이어질 수 있다는 것조차 잘 알지 못했고, 아이들의 마음을 헤아려 주지도 못했다.

가난했지만 내가 부모님으로부터 받아 누렸던 든든함과 포근함을 정작 내 자식들에게 제대로 물려주지 못한 셈이니, 되돌아보면 아이들에게 미안하기 짝이 없다.

나는 6·25전쟁 이후 산업화가 급격히 이루어지던 시기에 베이비 붐 세대로 태어났다. 그래서 콩나물시루와 같은 고밀도 교육환경 속에서 성장해야 했다.

적성에 따라 전공을 선택하고, 성적에 따라 학교를 선택했는데, 법관이나 변호사가 되고 싶다는 꿈을 키워왔던 나는 성적이 우수한 학생들에게 장학금을 주는 학교의 법과대학을 선택했다. 가난이 결코 내 희망을 꺾는 장애가 될 수는 없었다.

사법시험에 합격했던 그해에는 시험을 앞두고 하루 네 시간씩 잠을 자면서 공부에 매진했다. 다행히 늦지 않은 나이에 사법시험에 합격했고, 원하던 판사가 되었다.

그때는 한국 사회가 고속 성장하던 때였다. 열심히 공부만 하면 교수가 될 수 있고, 기업으로 진출해 좋은 일자리를 얻을 수 있었다. 대학 동기들도 대부분 자신이 원하는 일자리를 가질 수 있었던 것으로 기억한다.

안정적이고 좋은 일자리는 중산층이 늘어나게 해주었고, 늘어난 중산층은 정치의식을 발전시키고 민주주의를 고양시키는 사회적 저력이 되었다. 경제력과 정치와 사회 발전의 상호 선순환이 이어졌던 것이다.

그런데 우리 자녀 세대는 원하는 일자리를 쉽게 얻을 수 없고, 그 기회조차 잘 보이지 않는다. 열심히 살아도, 온갖 스펙을 갖추어도 좀처럼 문이 열리지 않는다.

이런 이십대 청춘의 불안함이 정치의식을 극단으로 내몰고 있다. 편협한 혐오와 극우화 경향도 이런 이유들과 무관하지 않다고 생각한다. 이처럼 불평등과 경제력 상실이 정치의식을 퇴행시키고, 사회 발전을 역행하며 악순환으로 이어지고 있는 것이다.

세상이 이렇다 보니, 불안과 불확실성의 시대에 살고 있는 젊은 부모들은 자녀 교육의 목표를 어디 두고, 어떻게 이끌어야 하는지 방향을 잃은 채 당황할 수밖에 없다.

그들은 초등학교 입학 훨씬 전부터 원하는 어린이집에 자녀를 보내기 위해 등록 대기자 명단에 이름을 올려놓고 좌불안석 전전긍긍해 하거나, 교육비가 비싼 영어유치원에 자녀를 보낼 능력이 되지 않는 자신을 탓하기도 한다.

장차 자녀들이 성장해 원하는 대학에 들어갈 때까지 부모들은 엄청난 교육비용을 감당해야 할 것이다. 이처럼 많은 부모들이 허리띠를 졸라매고 자녀들을 잘 키우기 위해 애쓰지만, 정작 자녀들이 안정적이고 행복한 미래를 맞이하게 될 것이라는 점은 확신할 수가 없다.

과연 이 길이 내 아이를 위한 올바른 교육 방향인지 스스로 해답을 얻기도 전에, 부모들은 이 거대한 대열에서 낙오되지 않으려고 안간힘을 쓰며 떠밀리듯 살아간다.

이런 위기의식 속에 부모들은 학교가 좀 더 교육적인 환경을 갖춘 곳, 내 아이에게 도움이 되는 곳이 되어주기를 바란다. 그리고 교사가 내 아이에게 좀 더 특별한 관심을 갖고 잠재된 아이의 능력을 극대화해주기를 원하고 있다. 과열된 교육환경 속에서 과열된 경쟁의식이 교사에게 필요 이상의 능력을 요구하고 있는 것이다.

그런데 물질적인 교육환경은 예전보다 월등히 나아졌으나, 교사와 학생들을 위한 문화적 · 심리적 교육환경은 예전보다 더 나아진 것 같아 보이지 않는다.

교사에 대한 존경심은 사라진지 오래되었고, 교사들의 교육 재량은 인정받지 못한 채 부모들이 요구하는 것은 많아지다 보니, 학교는 교사에게도 학생에게도 안전하고 행복한 공간이 되어줄 수가 없다.

최근 자료를 보면, 불안장애 또는 주의력 결핍 과잉 행동장애 증상을 보이는 10대 청소년 숫자가 급격히 늘고 있다는 것을 확인할 수 있다. 불안한 사회적 배경이 경쟁을 부추기다 보니, 아이들이 극한 상태로 내몰리고 있는 탓인 것 같아 걱정스럽다. 아이들과 부모와 교사가 서로 믿지 못하고, 만족스러워 하지 못하는 사이 불안과 불만이 누적돼 있던 것이 이런 식으로 표출되고 있는 것이라는 생각이 든다.

내 집의 꿈

· · ·

사글세방을 전전하며 대구에서 10개월마다 이사를 다녀야 했던 우리 집 식구들은 '주거불안'이라는 트라우마에서 자유로울 수가 없었다. 우리 세대가 내 집에 집착하는 데는 집이 곧 자산 형성이라는 경제적 이유가 크겠지만 산업화 시대에 대도시로 급격히 인구가 유입되면서 극심한 주거난을 겪은 탓도 있을 것이다.

초등학교 3학년 무렵 살고 있던 집 근처에 간선도로를 뚫는다고 집을 차례로 철거하기 시작했다. 집주인은 보상을 받고 이미 이사를 가버렸고, 별채 한 칸에 세든 우리 가족은 이사 갈 집을 구하지 못해, 철거한다는 계고장이 날아와도 그대로 살고 있었다.

학교에서 돌아오는 길에 멀리서 보면, 주변이 다 철거되고 뿌연 흙먼지가 이는 사이로 작은 섬처럼 우리 집만 동그마니 남아 있었다. 가장인 아버지는 사글세를 얻을 목돈을 구하러 다니며 애간장이 타들어갔을 것이다.

최후까지 버티다가 어찌어찌 이사를 갈 수는 있었지만, 집 이야기만 나오면 그때 기억이 떠올라 씁쓸해지곤 한다.

그때는 학교 담벼락에 기대 기둥을 세우고 가마니나 천막을 둘러친 천막집에 사는 아이들도 있었다. 철거를 당해도 며칠 지나고 나면 다시 천막집이 생겨났다. 그들도 달리 오갈 데가 없었던 탓이다.

모두가 가난했으므로 가난이 남사스럽지도 않았고, 다들 집이 없었으니 주변과 비교해 특별히 우울해 할 일도 아니었다. 가난에 대한 연민과 감수성은 아마도 그 무렵부터 내 마음 속에 깊이 자리를 잡게 된 것 같다.

내가 대구에서 사법시험에 매진하고 있을 때였다. 내 또래 광주에 살고 있던 한 청년이 철거반원을 살해했다는 이유로 1980년 크리스마스 이브에 사형을 당했다.

한겨울에 철거반원이 무등산 자락에 살던 무허가 도시빈민들의 집을 부수고 아직 거주하고 있는 집에 불을 질렀다. 생존 위협에 내몰린 채 오갈 데 없던 사람들을 대신해 한 청년이 철거에 맞서 저항하다가 살인을 저지른 것이다.

그곳 사람들은 그를 '무등산 타잔'이라 불렀다. 그는 중학교를 수석 입학 했으나 학교를 다닐 형편이 되지 않아 포기하고 공장 노동자로 생계를 이어가다가 고학으로 검정고시를 합격하고 검사가 되겠다는 꿈을 꾸며 사법시험을 준비하던 건실한 청년이었다.

전두환이 신군부에 저항했던 학생과 시민을 살상하고 쿠데타로

집권한 직후였다. 살벌한 신군부의 분위기에도 불구하고 청년에 대한 구명운동이 일었다.

그런데 신군부가 해가 바뀌기 전에 서둘러 사형을 집행한 것은 광주에 관한 이미지를 나쁘게 낙인찍으려던 의도가 아니었을까 의문이 든다. 우리가 어릴 때 살던 셋집이 철거를 당할 때의 절박하고 곤궁했던 기억 때문에 더더욱 그 청년이 눈에 밟히고 안타까웠다.

주거 문제는 국가 사회 정책의 기본이 되어야 하는데, 거꾸로 국가라는 공동체가 그동안 외면해왔던 도시 빈민의 생명까지 서둘러 박탈한 것이다.

주거문제를 큰 틀에서 해결하지 않으면, 개인의 노력만으로는 빈곤에서 결코 벗어날 수가 없다. 대출금을 갚고 인상되는 보증금과 월세를 쫓아가느라 늘 전전긍긍 살아내야 하기 때문이다.

열심히 살아낸 부모님의 형편이 조금씩 나아지면서 사글세를 끝내고 전세로 옮겨갈 수 있었다. 가게가 딸린 단칸방이었다. 겉보기에는 깨끗한 빵집이었다.

그런데 권리금까지 주었으나 예상과 달리 장사가 잘되지 않았다. 유동 인구가 없는 학교 주변인 점을 고려하지 못한 것이다. 방과 후에는 언니랑 함께 가게를 지키면서 어머니를 도왔지만, 한여름 내내 파리만 날리다가 결국 피 같은 권리금을 날리고 가게를 접어야 했다.

그리고 부모님은 오뚝이처럼 다시 일어서셨다. 아마 한창 자라고 있는 우리 형제들이 부모님을 다시 일어서게 하는 동력이 되었을 것이다.

요즘도 유동인구가 별로 보이지 않는 신도시에 늘어선 상가에 신장개업 간판이 눈에 띄면, '저 가게에 손님이 얼마나 올까? 괜찮을까?' 마음이 쓰인다. 그 앞을 오가며 가게 손님이 보이면 마음이 놓이고, 보이지 않으면 내 일처럼 걱정이 앞선다.

결혼하고 나서 처음 부부싸움을 한 이유도 분가할 집 마련 때문이었다. 국가 연구소에서 연구직 공무원으로 지내시던 시부모님 댁은 경제적 여유가 그다지 없었고, 남편도 자립하겠다는 계획이 없었다.

청약저축으로 여러 번 아파트 분양 신청을 시도한 끝에 다행히 서울 서쪽에 당첨이 되어 전세를 끼고 아파트를 구할 수 있었다. 그제야 비로소 내 집을 가지게 됐다는 안도감이 들었다.

주거에 대한 불안을 해소할 수 없는 세입자들, 상가 권리금을 날리고 나날이 가난해져 가는 자영업자들, 원도심의 비어가는 가게들, 높은 월세를 감당하며 수지를 맞추지 못해 개업과 폐업을 반복하는 신도심의 자영업자들 모두가 눈에 밟힌다.

세탁소집 둘째 딸,
정치판을 세탁해

· · ·

내가 초임 판사로 발령받은 때는 전두환 정권의 공안몰이가 극에 치달았을 때였다. 대학생들은 사회정의를 회복하고자 연일 데모를 했다. 학생들은 수배자 신세가 되고 소설가도 지식인도 모두 탄압 대상이었다.

어느 날 당국이 불온서적을 압수수색하겠다는 영장을 청구했다. 그날 당직 판사였던 나는 밤새 고민한 끝에 영장을 기각했다.

조세희의 명저 『난장이가 쏘아올린 작은 공』, 리영희의 명저 『8억 인과의 대화』 등 내가 읽고 감명을 받은 책도 압수대상목록에 들어 있었는데, 도대체 어디에 불온성이 있는지 의아했다. 소명부족을 이유로 영장 기각 결정을 한 것은 지극히 당연한 상식이고 법관으로서의 양심이었다.

그런데 상식과 양심은 내게만 해당하는 것이었는지 다음날 출근했을 때, 전국 법원에 일제히 청구된 영장을 다른 판사들은 다 발부했다는 사실을 알게 되었다. 법원장은 남들처럼 하는 게 상식이 아니냐는 논리로 나를 질책했다.

전두환 독재에 저항한 1987년 6·10 민중항쟁의 물결이 전국을 들썩이게 했다. 마지막으로 젊은 법관들도 합류했다. 1987년 헌법이 개정되고 대통령 직선제가 도입되었다. 그러나 김영삼과 김대중 두 거물 사이의 후보 단일화가 실패하고 치른 대선에서 5·18 내란의 공범 노태우가 승리해 전두환 정권을 이어받았다.

나는 그 사이 춘천지방법원에서의 초임 근무를 마치고 인천지방법원으로 발령받았다. 이미 깐깐하다고 정평이 난 탓에 가사사건 재판부에 배정되었다.

새로 모시고 일하게 된 김 부장판사님은 조용하고 다정다감한 분이셨다. 다시 시댁으로 들어가게 된 나는 가까이 사시는 김 부장판사님 차를 동승하는 편의를 누리게 되었다.

우리는 서울에서 인천까지 두 시간 정도 걸리는 출근길에 많은 얘기를 나눴다. 김 부장판사님은 비판 의식과 정의감이 강한 분이셔서, 판사들이 꺼리는 시국 이야기 등 여러 이야기를 허심탄회하게 나눌 수 있었다.

1990년 통일민주당의 김영삼이 김종필의 신민주공화당과 노태우의 민주정의당과 통합하는 정치야합 사건이 일어났다. 전국의 재야지식인과 대학생들의 규탄시위가 일어났다.

부평역 광장에서도 인천 부평 부천 지역 재야인사와 학생들이 모여 데모를 했다. 그날 잡혀 온 수십 명의 학생들에 대한 구속영장을 나는 단칼에 기각해 버렸다. 정치적 야합은 민의를 배신하는 것이고 그런 비판을 자유롭게 표현할 수 있는 시민적 자유와 권리는 보호를 받는 것이 당연하기 때문이었다.

그러나 당연한 판결도 삐딱한 시선으로 보는 풍토였던 사법부는 매우 소심했다. 인권의 최후의 보루여야 할 사법부마저 그러하니 민주화는 요원하다는 생각이 들었다.

1993년 전주지방법원을 거쳐 1995년 광주고등법원으로 가게 되었다. 그 사이 1992년 대선에서 김대중은 3당 합당의 주역이었던 김영삼에게 패배해 정계를 은퇴했다.

3당 합당으로 정치적 배신을 한 김영삼은 노태우 정권을 승계했으나, 하나회를 척결하는 과감한 결단을 보였다.

1995년 여름 더위가 한풀 꺾일 무렵 정계에 복귀한 김대중은 비판 속에서도 야권을 새로 재편하기 시작했다.

김대중이 새로 만드는 당명인 '새정치국민회의'의 창당발기인을 모집하는데, 아는 법조인들도 속속 합류했다. 그때 변호사로 새 출발을 한 김 부장님이 함께 새정치국민회의에 들어올 의향이 없는지 물어왔다. 그분의 인품을 신뢰했던 터라 나는 그의 제의를 쉽게 거절할 수가 없어서, 남편 서 변호사와 상의했다.

남편은 정치인 김대중의 시련이 깊을수록 반민주 상태는 오래 지속될 것이며, 김대중 없이 이 땅의 민주화는 어려울 것이라는 현실을 잘 알고 있었다. 남편은 정계 은퇴 약속을 번복하고 복귀한 것에 대해 비판이 쏟아지고 있는 어려운 상황에서 그를 돕자는 취지로 자신의 의견을 밝혔다.

그러나 나는 정치 자체가 어렵다기보다, 돈도 없는 주제에 현실 정치를 감당할 수 있겠느냐는 문제를 솔직하게 꺼냈다.

'돈 가지고 하는 정치는 누구나 할 수 있지. 그런데 당신은 돈 없이도 정치를 할 수 있다는 걸 보여 줘!'라는 남편의 역설적인 한마디가 묘하게도 쉽게 결단할 수 있는 힘을 주었다.

김대중 총재가 주말에 서울에서 만나자고 한다는 연락이 왔다. 나는 몸담고 있는 사법부에서 먼저 신변을 정리하고 대정치가를 만나겠다는 생각으로 서둘러 사직서를 썼다.

막상 사직서를 내려니 미지의 세상으로 준비 없이 걸어 들어가는 느낌이 들었다. 사직서를 들고 나타난 나를 맞이한 법원장은, 잘 알아보고 결정해도 늦지 않다며 적극적으로 말렸다. 사직서부터 먼저 내지 않아도 양해하겠다며 한번 만나보고 아니다 싶으면, 사직서를 낸 것을 없던 일로 해주겠다고 하며 만류하셨다.

그렇게까지 나를 아껴주신 법원장님과 부장판사님을 뒤로하고 갑자기 법원을 떠난다고 하니 법원의 모든 식구들은 충격으로 받아들이는 것 같았다.

다음날 서울로 올라가 직접 만난 김대중 총재는 반갑게 우리 부부를 맞아 주셨다. 중식당에서 차례로 나오는 음식 접시가 미뤄질 정도로, 다섯 번의 죽을 고비를 넘기고 오랜 가택 연금과 해외 망명생활동안 신념과 신앙으로 버텨낸 정치 역경을 들려 주셨다.

가장인 대정치가로 인해 가족의 희생이 컸음에도 그럴수록 더 두터워진 가족 간의 애틋한 사랑과 우의에 관한 얘기도 감동적이었다.

내게 궁금한 것을 물어보시면 조심스럽게 대답을 하는 사이, 당신은 밀린 중국음식을 다 드셨다. '식욕이 저리 왕성하신 걸 보니 무척 건강하시구나!'라는 생각이 절로 들었다. 노쇠하다는 첫인상을 초면에 느낀 것이 내심 송구해졌다.

"저는 정치 발전 없이는 사법 발전도 있을 수 없다고 생각해 왔습니다."라고 내 생각을 밝히면서, 그 자리에서 결심을 굳혔다.

그리고 전국구를 사양했다. 지역구에 도전해 아직 여성은 정치에 어울리지 않는다는 편견을 깨고 모범을 보이며, 여성과 딸들에게 도전할 수 있는 용기와 할 수 있다는 희망을 보이고 싶다고 씩씩하게 말씀드렸다.

김대중 총재는 전국구라는 편한 길 대신 처음부터 지역구에 과감하게 도전하려는 자세를 칭찬하며 크게 흡족해하셨다. 그리고 기왕이면 서울 지역구에서 시작해 보라고 권유했다.

'세탁소집 둘째 딸, 정치판을 세탁해!'

1996년 서울 광진구에서 돈 안 드는 깨끗한 선거를 공약으로 내걸고 선거 홍보 노랫말도 같은 라임으로 만들었다.

대학 후배들이 선거운동을 도와주러 왔다. 그리고 과거 판사시절 내가 내린 판결 덕분에 억울함을 풀게 됐다는 한 아주머니는 나도 모르게 아침 일찍 건대 입구 전철역 앞에서 날마다 자원봉사로 선거운동을 해주셨다.

나의 초심

· · ·

'사장님이 초심 잃으면 귓방망이'

용인의 어느 고깃집 주방 문에 붙여진 글귀이다. 고깃집 사장님도 근수를 속이고 오래된 고기를 신선한 고기라고 하며 양념에 버무려 맛을 감출 수 있다. 그러다 보면 품질과 맛이 떨어지고 손님이 찾지 않게 된다.

깨끗한 정치는 나의 초심이다. 누구나 깨끗한 정치를 약속한다. 그러나 살다보면 세월에 따라 사람 마음도 변하기 마련이다. 정치인에게는 특히 갖가지 유혹으로 접근을 해오니, 초심을 잃지 않는다는 것이 그만큼 더 어려운 일이기도 하다.

IMF를 겪고 아직 경제가 회복되지 않아 정치 후원금도 들어오지 않을 때였다. 선거를 앞두고 지역구 골목을 돌아다니고 있는데, 삼성에서 조용히 지역구 사무실로 찾아와 골프백을 놓고 갔다. 늦은 밤 사무실에 돌아와 그 가방에 돈이 들어있음을 확인하고 즉시 가방을 도로 찾아가도록 했다.

그 일이 있은 후 8년이 지난 후, 대기업 삼성의 내부 제보자라는 김용철 변호사가 회장 지시사항 문건을 폭로했다. 그 문건에는 이건희 회장이 일일이 로비 대상과 로비 방법을 지시하는 내용이 들어 있었다. 그런데 '돈을 싫어하는 추미애 등에게는 포도주 상품권을 줘라'라는 지시 내용이 있었다. 그 덕분에 삼성이 제공한 로비 자금을 추미애가 거부한 사실이 뒤늦게 세상에 알려지게 되었다.

정치가 돈에 오염되면 썩은 냄새가 진동한다. 몰래 건네는 거액의 후원은 공짜가 없다고 보면 된다. 정치인에게 미끼를 던지는 것이다.

물론 정치를 하려면 돈이 꼭 필요하다. 그러므로 다수의 지지자가 보내는 소액의 합법적인 후원이 반드시 필요하다.

깨끗한 정치를 약속한 나로서 정치의 초심을 잃지 않기 위해 늘 마음을 가다듬어야 한다. 정치인이야말로 초심을 잃으면 유권자로부터 귓방망이를 아프게 맞을 수밖에 없다.

나의 첫 대표 공약은 '출발선이 같은 사회'를 가꾸어 나가겠다는 것이었다. 부잣집 딸이나 가난한 집 아들이나 이 사회에 나아갈 때는 국가가 뒷받침 해주고 출발선이 동등하도록 해야 한다고 생각했기 때문이다.

더 이상은 '무등산 타잔 소년'처럼 아무리 이 악물고 발버둥 쳐도 헤어날 수 없는 냉정하고 잔인한 사회가 되어서는 안 된다.

합동유세장에서도 개별 지역공약 대신, 이런 이상을 밝히는 연설을 씩씩하게 했다. 초등학교 운동장에 가득 모인 지지자들이 큰 박수와 호응을 보냈다. 아직 복지가 거의 없던 시기였던 만큼 출발선이 같은 세상에 대한 나의 포부를 신선하게 받아들였다.

출발선이 같은 사회를 향해 가꾸어나가야 한다.

'금수저'로 태어난 사람을 제외하고는, 청년들은 대부분 다 가난하다. 그렇지만 가난한 청년이 가난한 중년, 가난한 노년으로 이어지게 해서는 안 된다. 청년이 꿈을 이룰 수 있는 사회여야 개인도 가난에서 벗어나고 사회도 발전한다.

그런데 2008년 금융위기를 겪으면서 불평등은 더 심화되었다. 한 번의 경제위기가 불어 닥칠 때마다 회복과정에서 빈부격차는 더 커졌다. 코로나 시기도 마찬가지였다. 경제도 얼어붙게 한 코로나 재난 극복과정에서 불평등은 심각해졌다.

경제위기가 반복되면서 쉽게 해고를 할 수 있게 해주는 고용유연성은 확대되는 반면, 새로운 일자리는 쉽게 구할 수 없게 되었다.

청년은 가능하면 대기업에서 경험과 경력을 쌓고 싶다. 대기업은 초봉도 중소기업보다 훨씬 높다. 그러다보니 청년들은 대부분 대기업 취업을 선호한다. 중소기업에 대한 전망이나 취업 정보도 찾아보기 어렵다. 그러니 유망한 중소기업이라 하더라도 사람을 구하기 어렵고, 청년들은 청년들대로 구직난에 시달린다.

2011년 청년 목돈마련 재형저축을 최초로 고안했다. 3년 또는 5년 일정 기간 중소기업에 다니면서 매달 일정액을 정기적으로 저축을 하면 같은 액수를 정부가 적립해서 최대 5천만 원까지 목돈을 마련할 수 있게 하자는 것이었다.

그렇게 재형저축으로 모은 목돈으로 전직을 하거나 퇴직을 할 때 거주 자금이나 창업자금에 쓸 수 있도록 했다. 중소기업에서 경험을 쌓고 창업이나 전직을 하려는 청년들을 지원한다면, 청년들은 선택의 폭이 넓어지니 좋고, 중소기업에도 도움이 되는 제안이었다.

이 제안은 나중에 '청년 내일 키움 통장'으로 실제로 응용되어 빛을 보게 되었다. 부잣집 자녀나 가난한 집 자녀나 동등하게 출발할 수 있도록 해주는, '출발선이 같은 사회'가 되도록 약속을 지킨 것이다.

금융위기의 후유증을 겪는 와중에 나는 국회 환경노동위원회 위원장을 맡고 있었다. IMF 외환위기 때 대량해고와 대량실업으로 무너져 내린 중산층이 대거 자영업으로 내몰렸고 다시 심각한 2차 충격을 받았다.

정규직과 비정규직의 격차도 점차 더 벌어졌다. 위기 때마다 고용 유연성을 내세우며 비정규직과 중·고령 노동자들이 해고당했다.

그때 나는 노조 전임자를 없애려고 한 이명박 정부에 맞서 노조활동을 보호하는 중재안을 관철시켰다. 그리고 비정규직을 보호하지 않고 정규직으로 전환하기로 한 약속을 철회하려는 정부 측의 시도를 전면에서 막아내고 비정규직 보호법을 뚝심으로 관철해 냈다.

그때 정부 편에 선 언론의 집중포화를 홀로 온몸으로 받아내야 했다. 정치적으로도 많은 오해와 내상을 입기도 했다. 노조활동의 공익성을 인정하지 않고 홀대하는 사회적 분위기가 확산되던 시기였다.

그 후 마트에서 만난 비정규직 직원이 눈물을 글썽이며 내 손을
꽉 잡고 말없이 고마움을 표시할 때, 비로소 나도 큰 위로를 받았
다. 그리고 해고된 교사들과 비정규직 노동자들이 노조를 만들 수
있게 됐다면서 내게 고맙다고 할 때 정치하는 보람을 느꼈다.

노동자 보호 없이 민생은 없다는 것이 나의 확고한 신념이므로
숱한 오해를 받으면서도 견딜 수 있었다.

1998년 불어 닥친 IMF로 많은 기업들이 문을 닫았다. 다시 일어
나기 위해서는 기업의 국제경쟁력을 강화하는 것이 무엇보다 시급
했다. 기업의 경쟁력은 소비자가 평가한다. 좋은 품질과 좋은 서비
스를 통해 소비자의 선택을 받지 못하면 기업 경쟁력은 사라진다.
나쁜 상품을 만들어 소비자를 현혹시켜 잠시 속일 수 있다 하더라
도, 결코 오래 갈 수는 없다.

나는 소비자의 권익을 보호하기 위해, 결함이 있는 제조 상품을
만들거나 유통해 소비자의 재산 생명 건강에 피해를 야기하는 경우,
관련 기업이 손해배상 책임을 지도록 하는 결함제조물책임법을 제안
했다. 법안을 발의하자 재계는 막강한 로비를 펼치며 반대했다.

그러나 나는 반대를 뚫고 당과 의원들을 설득해 법안을 통과시
켰다. 당장은 이 법이 기업에게 불편하게 느껴질 것이다. 그러나
소비자의 선택을 받고 신뢰를 얻으려면, 품질과 서비스를 개선하
지 않을 수 없을 것이고, 결국 기업이 경쟁력을 갖게 되는데 도움
이 될 것이라고 설득했다.

예상대로 기업의 책임 강화 후, 우리나라 제품은 좋은 품질로 세

계적으로 인정받고 있으며, 국제경쟁력도 높아졌다고 생각한다.

노동자와 기업은 서로 상생하는 관계다. 노동자의 권익도 기업 경쟁력도 함께 강화되는 것이 좋다.

제도 못지않게 리더십도 중요하다. 좋은 제도를 도입하고 개혁을 해놓았다 하더라도 이를 이끌어갈 지도자가 참된 정신과 옳은 자세를 갖추지 못한 채 역량이 부족한 사람이라면, 제도는 제대로 작동할 수가 없다.

1998년 최초로 수평적 정권교체를 성취하자 국민들은 인권보호에 대한 기대와 함께, 구체적인 사례에 대해 자신의 목소리를 내기 시작했다. 독재와 권위주의에 짓밟히고 억눌린 인권을 회복하고, 인권침해를 방지하는 제도를 만들자는 요구 또한 컸다.

나는 헌정사 최초로 구성된 대통령직인수위원회 위원으로 지명되었다. 인수위 정무분과의 간사로서 행정 혁신과 경찰개혁을 맡아, 많은 혁신안을 냈다. 그 자체만으로도 보람이 있는 일이었지만, 무엇보다 국가인권위원회를 설치하자고 제안을 한 것이 가장 잘한 일이었다는 생각이 든다.

그런데 그 후 수사 기소 권한이 막강한 검찰이 속한 법무부가 국가인권위원회를 차지하려고 했다. 인권을 침해해 온 검찰이 세력을 장악한 법무부가 공권력의 인권침해를 감시할 국가인권위원회를 차지한다는 것은 용납될 수 없었다.

나는 이를 강력히 반대하고 국가인권위원회는 독립기구가 되어야 한다는 주장을 굽히지 않았다.

마침내 2001년 국가인권위원회가 독립기구로 출범하게 되었다. 인권대통령 시대에 국가인권위원회가 출발함으로써 본격적인 인권 시대의 개막의 상징이 되었다.

그동안 국가인권위원회는 민주적 정권일 때는 독립적으로 제 기능을 수행했으나, 비민주적 정권일 때는 제 기능을 다 하지 못했다. 특히 검찰정권을 거치면서 국가인권위원회는 국민의 인권을 무시했다.

국가인권위원장은 내란 우두머리의 인권옹호를 의결하면서 반대로 포고령으로 국민의 기본권을 침해하려 한 사태에 대해서는 아무런 언급조차 없었다. 정권을 보위하고 옹호하는 역기능도 서슴지 않았다. 이처럼 제도를 제대로 움직이려면 좋은 지도자가 필요하다.

정의로움은 사회문제를 해결하는 아이디어의 원천이다.

제주 4·3사건을 만나게 된 것은, 내게 운명 같았다. 김대중 대통령이 제주 4·3사건 문제를 풀겠노라고 1997년 대선 공약으로 약속하고 그 숙제를 내게 맡겼다.

그때까지 나는 제주 사람들이 왜 그토록 답답한지, 속내를 보여 주지 않는 것인지 알지 못했다. 육지에서 살아온 나는 제주의 역사와 사정을 모를 수밖에 없었다.

과거 독재 정권 아래에서 당국은 사람들이 진실을 알지 못하도록, 진실과 가까워질 수 없도록 자물쇠로 잠가놓고 터부시했기 때문이었다. 정치권 역시 문제를 기피하거나 외면해 왔으므로 제주

4·3사건은 붉은 덧칠이 된 채 역사 속에 파묻혀 있었고, 나는 역지사지 자세로 접근해 보았다. 만일 내가 피해자라면 어땠을까? 이 일을 내 고향이 당한 일이라면 어땠을까? '역지사지'는 평소 아버지가 날마다 주문하다시피 자식들에게 강조했던, 사람을 대하는 자세였다.

정의로움은 특별한 용기에서 출발하지 않는다. 역지사지로 사람을 이해하려는 따뜻한 감수성이면 충분하다. 제주 4·3사건 피해 실상을 하나씩 알아나가면서 비로소 그 고통이 이해되기 시작했다.

침묵을 강요당했던 제주 사람들의 마음이 헤아려지면서 분노가 일기 시작했다. 몰랐던 것이 부끄럽고 죄스러웠다. 1980년 고립된 광주가 겪은 일은 어쩌다 보니 당하게 된 참상이 아니었다. 그로부터 불과 32년 전에 일어났던 1948년 제주 4·3사건의 심각성을 망각하고 국가폭력이라는 본질을 외면했기에 또 당하게 된 참상이었던 것이다.

나는 1999년 정부의 공식 기록을 찾으려고 애쓴 끝에 제대로 된 재판도 거치지 않고 즉결 처분으로 억울하게 총살형을 당하거나, 멀리 육지 형무소로 분산 수용되었다가 행방불명 된 제주 4·3사건 희생자 수형인 명부를 찾아냈다.

이를 가지고 제주 4·3사건은 진상을 규명해야 하는 현재 진행형임을 주장하고 공론화할 수 있었다. 그리고 그해 12월에 정부가 제주 4·3사건의 진상을 규명하도록 하는 「제주 4·3사건 진상규

명 및 희생자 명예회복에 관한 특별법」을 제안해 통과시켰다.

진상이 규명되기 시작하고 희생자들에 대한 법적 굴레를 벗기고 배상에 이르기까지 나는 줄곧 함께했다. 제주 4·3사건의 해결을 통해, 간절히 바라면 이루어진다는 것을 경험으로 알게 되었다.

제주 사람들이 다 알고 있으면서도 너무 참혹해서 말하기조차 두려웠던 진실에 입 다물고 있는 사이, 뭍에 살고 있는 힘 있는 사람들은 피해 상황을 입 밖에 내지 못하도록 침묵을 강요하고, 그들의 아픔에 무관심했다.

제주는 진실에 관심을 가져주기만을 오랜 세월 기다렸고, 그러는 사이 또 20년이 지났다. 내가 법무부 장관이 된 후, 비로소 수형인 명부를 근거로 돌아가신 희생자들에 대해 검찰의 직권 재심 청구로 무죄를 받게 해 명예를 회복해 드릴 수 있었다.

또 국가가 피해자와 유족들에게 배상함으로써 종국적 책임을 인정하는 완결을 통해 국가폭력의 재발 방지의 상징으로써 선례를 남겼다. 내가 발굴해 낸 수형인 명부는 현재 유네스코 세계 기록 유산으로 등재되었다.

제주 4·3사건을 풀게 되자, 거창 양민 학살과 여순 사건 피해자에 대한 진상 조사 요구도 드세게 일어났다.

이제 제주는 외롭지 않다. 인권을 회복한 제주의 힘은 대한민국 인권사의 큰 이정표가 되었고 다른 지역의 국가폭력과 인권침해를 풀 수 있는 나침반이 된 것이다.

법무부 장관을 마치고 제주 4·3 유족회가 준 감사패는, 그 어떤 상패보다 내게 소중한 것이 되었다. 국민과의 약속을 무겁게 여기

    1부 눈에 밟혔어요. 사람들이

는 김대중 대통령께서 맡기신 일을 제대로 마침으로써 보답할 수 있었다는 점에서도 뿌듯했다. 더디더라도 진실과 정의가 끝내 이긴다는 사실을 확인했다는 것이 무엇보다 가장 큰 보람이었다.

추미애가
깃발을 들게 한 사람들

· · ·

모두가 망설일 때 누구도 나서지 않을 때 책임의 무게가 가장 무거운 순간 내가 소환되곤 했다. 그리고 나는 운명처럼 그런 일을 감당했다.

풀어야 할 과제가 주어지면 과제를 풀 때까지 나는 물러서지 않는다. 그래서 나를 개혁가라고 이해하는 사람들이 많다.

2019년 조국 법무부 장관의 검찰개혁은 무소불위의 권한을 가진 검찰의 거센 저항에 부딪혔다. 조국 장관이 물러난 자리에 내가 임명되었다. 윤석열이 칼을 들고 날뛰는 형국에 아무도 그 자리에 선뜻 나서지 않았다. 나는 피하지 않고 검찰개혁이 소명인 그 자리에 나아갔다.

취임 40일 만인 2020년 2월, 역대 장관으로서는 처음으로 검찰의 수사권과 기소권을 분리해야 한다고 주장했다. 그랬더니 검찰은 즉각 반발했다. 검찰은 울산시장 선거에 청와대가 하명수사를 하게 함으로써 선거에 개입했다는 의혹을 수사하고 있던 때였다. 그것을 빌미로 검찰에 대해 불만을 가진 장관이 검찰로부터 수사권을 박탈함으로써 보복하려 한다는 터무니없는 오해를 했다.

어느 검사 출신 변호사는 상식파괴자라며 비난하기도 했다. 그러나 내가 던진 수사 기소 분리의 화두는 이제 검찰개혁의 기본으로 여기는 상식이 되었다.

선진적 사법제도를 운영하는 나라에서는 수사권과 기소권을 다 분리해 놓았다. 상호 견제라는 민주주의 원리를 형사사법절차에서도 적용해야 하기 때문이다.

우리나라 검찰처럼 수사권과 기소권을 다 가지고 있으면, 수사권을 남용해 무리한 수사를 하거나 억지 수사를 멈추지 않고 계속해 기소를 하고, 유죄를 받기 위한 욕심으로 날조나 허위 조작을 하기 쉽다. 수사권 남용과 인권침해를 방지하기 위해 수사권과 기소권을 분리하는 것이다.

원래 우리나라도 처음 형사소송법을 제정할 때는 검찰은 기소만 하고 경찰은 수사하는 것이 옳다고 보았다. 그러나 경찰의 권한이 너무 강해질 것을 우려해 나중에 지방자치경찰제가 도입되는 때에 수사권을 경찰에 온전히 넘겨주자며 잠정적으로 검찰에 수사권을 주는 쪽으로 가닥을 잡은 것이었다.

그 후 검찰과 경찰 간에 수사권을 놓고 조직적인 대립과 갈등 양상으로 치닫다가, 2018년 중대 범죄에 한정해 수사권을 검찰에 남겨두는 방식으로 검찰과 경찰과의 수사권을 조정하는 선에서 멈추었다.

윤석열 검찰총장은 검찰총장 자격 면접을 할 때 수사와 기소를 완전히 분리하는데 찬성한다며 면접자 중 가장 획기적인 자세를 보였다고 한다.

그는 '수사권을 가지고 보복하면 깡패지 검사냐?'라는 말도 했다. 그러나 막상 검찰총장으로 임명되고 난 후에는 180도 태세를 바꾸었다.

말과 달리 그는 수사권을 남용해 정적을 제거하려 했고, 자신을 임명한 대통령을 향해 터무니없는 모함을 하고 날조 조작해 관련자들을 기소를 했다.

그러나 울산시장 선거 개입 하명 수사 사건도, 월성 원전 자료 삭제 사건도 결국 대법원에서 무죄가 확정되었다. 관련자들은 터무니없는 날조 수사와 기소로 수년간 고통에 시달리고 사회적 명성과 신뢰감을 잃게 되었다.

윤석열은 이미 수사권과 기소권을 사유화해 자신과 처와 그 일가족의 범죄는 덮어버리고, 문제를 제기하는 기자나 정치인들은 표적 수사해 재갈을 물리기로 계획한 것으로 보인다.

나는 윤석열의 무도함과 몰상식이 나라를 파국으로 이끌 수도 있다는 불안감을 떨칠 수가 없었다. 그의 시선은 청와대를 넘보고 있었고, 종국적으로 권력 장악까지 염두에 두고 있다는 것을 느낄 수 있었다.

왜냐하면 맥락 없이 사사건건 청와대를 끌어들이는 시도를 했기

　　　　　　　　　　　　1부 눈에 밟혔어요. 사람들이

때문이다. 그러나 윤석열에게 기울어진 언론이 이끄는 대로 여론도 윤석열에 대해 매우 호의적이었다.

코로나가 창궐할 조짐을 보이던 2020년 2월 나는 코로나19 역학조사 방해 등 불법행위가 있을 경우 강제수사로 대응하라고 검찰에 지시를 내렸다.

그러나 검찰총장 윤석열은 수퍼확진자가 다녀간 대구 신천지 교회에 대해 압수수색을 하지 않도록 지시했다. 나중에 알고 보니, 건진 법사가 신천지 이만희도 영매에 속하는데 대통령이 되려면 직접 손에 피를 묻히지 않는 것이 좋다고 조언을 했다는 것이다.

그해 여름 신천지 고위 간부들이 신천지 교인들에게 법무부 장관 추미애를 탄핵하라는 청원을 하라고 텔레그램을 통해 지시하고, 판사와 대통령에게도 편지도 보내라고 했다는 것이 수사 결과 드러났다.

반면에 이만희 총회장은 영장 청구를 하지 않고 눈을 감아준 윤석열에게 은혜를 갚아야 한다며 수차례 교인들에게 말했다고 한다.

2020년 11월 법무부 장관으로서 검찰총장 윤석열을 징계 청구하기에 이르렀다. 검찰사 초유의 일이었다. 법무부에서 감찰한 결과, 윤석열은 판사를 사찰하고 약점을 잡아 언론에 흘리거나 겁을 주고, 원하는 대로 재판 결과를 얻어내는 데 활용하려 했던 정황이 드러났기 때문이다.

또 검언유착 사건의 감찰 및 수사를 방해한 것이 확인할 수 있었다. 그리고 검찰총장으로서 정치적 발언을 함으로써 정치 중립

의무를 위반했다.

윤석열은 강하게 반발하며 징계 청구에 불복하는 소송을 냈다. 그러나 언론은 검찰총장의 비위와 반법치 반헌법적 행동에 전혀 주목하지 않았다. 오히려 '윤석열 찍어내기'로 프레임을 씌웠고, 징계위원회는 고작 정직 2개월의 처분을 내리는 것으로 그쳤다.

여론에 밀린 청와대는 나를 물러나게 하는 것으로 일단락 지으려고 했다. 물러나면서 나는 온몸에 불화살을 맞은 것처럼 아프고 고통스러웠다. 이제 윤석열을 멈추게 할 제동장치가 전혀 작동하지 않으니 그의 위험한 행보에 가속이 붙겠구나 하는 불길한 예감을 떨칠 수가 없었다.

예상했던 대로 윤석열은 기고만장해졌고 피해자 코스프레를 하며 정치적 발판으로 삼았다. 그리고 검찰총장 임기를 다 마치지 않은 채 중도사퇴를 하고 정치권에 몸을 풀었다.

이런 일련의 과정이 12·3 내란 이후 수사 과정에서 노상원의 조언에 따른 것으로 드러났다. 전직 정보사령관 노상원은 'YP 작전계획' 문건에서 '자의로 퇴임할 시기는, 지금 몸값을 최대한 유지하며 내년 4월 서울 시장선거 직전이 유리하다. 기자회견도 직무수행 불가능 때문이라고 하라'라고 조언했다고 한다.

실제로 윤석열은 서울시장 선거 한 달여 전인 2021년 3월 4일 퇴임했고, "검찰에서 제가 할 일은 여기까지"라고 했다.

전후 정황을 살펴보면, 윤석열은 검찰총장 때부터 대선 계획을 짠 것임을 알 수 있다. 윤석열은 나를 제외한, 세상 모든 사람을

   1부 눈에 밟혔어요. 사람들이

속이는데 성공한 셈이다.

　그가 국민의힘당 대선 후보 경선을 준비하던 때 행정법원 1심은 윤석열의 검찰사무의 공정성과 적법성을 위배한 행위는 면직 이상으로 중대하다고 판결했다. 오히려 정직 2개월의 징계처분이 너무 가볍다는 것이었다.

　그러나 이미 너무 늦었다. 정치권은 그 판결에 그다지 주목하지 않았다. 이처럼 지연된 정의는 정의가 아니다. 윤석열은 이러한 일련의 사건을 통해 더욱 오만방자해져서 자신의 잘못을 쉽게 덮는 요령을 터득했다.

　나는 어느 언론 인터뷰에서 이렇게 말했다.

　"윤석열이라는 이불이 지금은 따뜻하고 포근한 것 같지만, 그 이불은 확 젖혀질 것입니다. 그리고 윤석열이 국민의힘을 쑥대밭으로 만들고야 말 것입니다."

　그 후 내 말이 하나도 틀리지 않았음이 증명되었다. 국민의힘은 대선을 이겨 여당이 되었고, 지방선거를 크게 이겨 따뜻한 호시절을 지냈다. 그러나 윤석열의 내란 폭주를 멈추지 못한 채, 함께 휩쓸려 가며 극우화의 길을 걷고 있다.

　'눈에 밟힌다'는 것은 연민의 감정이다. 그런데 내게 의지하고 싶어 하는 사람들이 있다면, 또 내게 미약하나마 그들을 위해 할 수 있는 힘이 있다면 나는 그냥 지나칠 수가 없다. 힘이 없어서 비바람을 피할 수 없다면, 같이 비바람을 맞기라도 해야 한다.

언젠가 류근 시인이 검찰개혁의 최선두에서 비바람을 맞는 나를 보며, 지지하지 않고 의지하겠다는 말로 응원의 글을 보낸 적이 있다.

그때 시민들의 뜨거운 지지가 없었더라면 나도 의지할 데가 없었을 것이다. 무소불위의 검찰 권력에 희생당하는 억울한 피해자들이 눈에 밟혔기에 그냥 지나치지 못했던 것이다.

그리고 6년 후, 나는 국회법제사법위원장을 맡아달라는 당의 요구를 받아들였다. 갑자기 우리 당이 위기를 맞아 또다시 내게 손을 내미는데 뿌리칠 수가 없었다.

6년 전에 검찰 개혁을 해달라며 뜨거운 응원의 함성을 보내던 시민들의 모습이 문득 떠올랐다. 힘을 보태고 싶다며 멀리 여수 목포 마산 부산 울산 포항 제주에서 달려와 차가운 겨울 아스팔트 위에서 손을 잡아주며 개혁을 당부하던 그 눈빛을 떨칠 수가 없었다.

내게 '개혁'이라는 단어는 거창한 말이 아니다. 또 거칠지도 않고, 강하지도 않은 말이다. 내가 개혁에 앞장을 서는 이유는, 남보다 더 강해서가 아니라 연민의 정 때문이라는 생각이 든다. 모두를 따스하게 품고 싶기 때문이며, 눈에 밟히는 것을 외면하지 못하기 때문이기도 하다.

혼자서는 하기 힘든 일을 이 시대를 살아가는 이들이 서로 믿고 의지하며, 함께 고민하고 이겨내어 희망의 자리로 나아가는 정의로운 연대를 이루고 싶다.

존중과 배려

· · ·

남달리 강해서 개혁에 매진해 온 것이 아니다. 연민과 책임감 때문이었다. 강함과 강인함은 다르다. 무지막지하게 강한 것은 싫다. 끝까지 참아내며 결코 부러지지 않는 강인함이 나답다는 생각이 든다.

남편은 고교시절 교통사고를 당해 한쪽 다리의 신경이 손상되어 지금도 통증을 느끼며 많이 불편해 한다. 사고가 난 날은 광화문에서 한 친구와 함께, 늦게 오는 다른 친구를 기다리던 중이었다. 브레이크 고장으로 인도로 돌진하는 차량이 옆에 있는 친구를 덮치려는 순간, 그는 재빨리 몸을 날려 친구를 감싸 안으면서 기절했다.

깨어보니 친구는 살려냈으나, 돌진한 차량이 자신의 발목을 짓이긴 터라 원래대로 회복이 불가능한 상태였다. 그 후 수십 번의 수술을 받았지만, 평생 통증을 껴안고 사는 신세가 되었다.

그는 다시 살아난 목숨이니, 남은 삶은 타인을 위해 살아야겠다며 열심히 공부해 변호사가 되었다. 대학에서 그를 만난 나는 그가 지니고 있는 인간에 대한 존중과 배려에 마음이 끌렸던 것 같다.

어느 날 김대중 총재가 불러 동교동에서 저녁 식사를 하게 되었다. 김대중 총재는 남편의 불편한 다리를 보시며,
"나는 정치 탄압으로 의문의 교통사고를 당해 지팡이에 의지하는 신세가 되었습니다. 그리고 아내는 내가 오랜 감옥 생활과 연금 생활을 하게 되자, 날마다 무릎 꿇고 기도하느라 관절이 아픈 신세가 되었답니다. 서 변호사도 우리 부부처럼 다리가 불편하니, 우리 셋은 동지입니다." 친근하고 자상한 배려의 말씀이셨다.

다 자란 딸은 장차 이성을 만나게 되면, 존경하는 사람을 만나 서로 존중하고 배려하는 자세로 살고 싶다고 했다. 타인에 대한 진심 어린 존중과 배려를, 섬세한 마음의 눈이 없는 사람은 할 수가 없다.
같은 눈높이에서 낮은 자세로 약자를 바라보지 않으면, 그들이 제대로 보이지 않는다. 정치와 행정의 판단 기준은 약자에 대한 존중과 배려를 어떻게 하느냐에 달려 있다.

한결같이 힘을 쏟아온
풀뿌리 자치행정

• • •

김대중 대통령은 지방자치의 중요성을 누구보다 잘 아는 분이었다. 노태우 정권 아래에서 지방의회 의원을 주민이 직접 선출하도록 관철했고, 1990년 단식을 감행해 지방자치 단체장 선거를 도입하게 함으로써 본격적인 지방자치 시대를 열었다. 그런 분이 2000년 12월 당 4역에 해당하는 중요 당직인 지방자치위원장으로 나를 지명하셨다.

나는 지방자치를 입법적으로 뒷받침할 수 있는 제도를 열심히 만들었다. 중앙 권한의 지방이양, 지방자치 경찰제 도입, 지방 재정 확충 방안, 세제 개편과 국세의 지방 이양 등 본격적인 지방분권을 위한 방안을 연구했다.

지방자치위원장 취임 초기에 나는 무보수였던 지방의원의 보수 유급화부터 추진했다. 보수를 지급한다면 직무에 전념할 수가 있기 때문이다. 또 때 묻지 않은 청렴한 젊은 지방 인재가 쉽게 도전할 수 있을 것이며, 부패와 거리가 먼 여성 지도자들도 진출할 수 있을 것이라고 생각했다.

당대표가 되어 치른 2018년 지방선거에서 우리 당은 크게 이겼다. 여성과 청년의 진출이 비약적으로 증가한 것이다. 18년 만에 유급화의 성과가 제대로 나타난 것이라 느껴져 보람이 있었다.

초선 때 나는 차세대 지도자로 선정되어 영국 외무성 초청을 받아 약 2주간 영국의 행정제도를 둘러보았다. 당시 가장 관심을 가졌던 것이 영국의 자원봉사제도였다.

풀뿌리 자치가 지역의 주민센터를 중심으로 자발적으로 이루어지는 지역 자치의 모델을 보면서 자원봉사제도와 영국형 주민자치센터를 국내에도 도입하고 싶었다.

마침 IMF 여파로 작은 정부가 논의되면서 읍면동을 폐지하자는 등 행정 간소화가 제기되었다. 나는 읍면동을 그냥 폐지만 할 것이 아니라 기능 전환을 주장했다.

풀뿌리 자치 역량을 키우기 위해 주민의 자치활동을 보장해야 하고 그러기 위해 시 군 자치구에 주민센터와 주민자치위원회를 설치할 수 있는 법적 근거를 최초로 제안했다.

그 후 주민센터에서는 재능기부를 통해 영어, 중국어, 일본어 교실이나 시, 서예, 노래 교실, 독서모임 등 다양한 문화 활동이 이루어지고 있다. 그리고 탁구교실, 골프교실 등 체육 활동을 비롯해 제빵, 제과, 이유식 만들기를 배우는 요리교실 등, 다채로운 공간으로 활용되고 있다.

그리고 자원봉사활동지원 법안을 최초로 제안했다. 청소년과 여성, 직장인, 노인에 이르기까지 모든 계층이 참여하며, 사회복지는 물론 환경보전, 청소년 교육 및 활동지원, 범죄예방, 재난구조 및 문화 스포츠 등의 분야에서 시민사회를 이끌어가는 풀뿌리 역량을 발굴하고 필요한 곳에 연결할 수 있도록, 제도적으로 지원하고자 했다.

실사구시 행정

· · ·

김대중 대통령의 정치 철학의 알맹이는 실사구시實事求是다. 뜬구름 잡는 막연한 이상이나 경도된 이념이 아니라 국민에게 실효적으로 이익이 되게 하고, 실용적으로 민생을 위한 확실한 성과가 있어야 한다는 것이다.

남편과 나는 세 아이를 시부모님께 맡기고 이 땅에서 최초의 정권교체를 위해 내 고향 대구와 경북, 부산과 경남을 오가며 선거운동 했다. 마침내 당선된 김대중 대통령은 우리 부부를 위로하기 위해 댁으로 초대하셨다.

대통령은 직접 '실사구시實事求是' 사자성어를 힘차게 붓으로 써 주셨다. '실사구시'는 예전에 당신의 은사가 지도한 것이라고 하시며, 그 자리에서 '서성환 동지에게'라고 쓰셨다.

섬세한 대통령은 정치에 엄마 아빠를 빼앗긴 아이들에게도 미안하다고 하시면서 작은 보석함을 챙겨주셨다.

　두 마리 토끼를 다 잡기는 어려운 일이다. 전문직에 종사하는 여성도 출산 육아의 시기에는 어쩔 수 없이 직장을 그만 둘 수밖에 없다. 직장을 포기하지 않으면 아이를 제대로 보호 양육하기 어렵기 때문이다.

　아이를 맡기기 위해 발을 동동 구르거나 때로는 아이들을 집에 남겨두고 근무지로 향하면서도 내내 우울했던 경험 때문에 의정활동을 하면서도 가장 눈에 밟힌 것이 부족한 어린이집이었다.

　그런데 어린이집을 확충하려면 부지가 필요한데 마땅한 빈터를 구하기 어려웠다. 그때 방법을 궁리하다가 복합청사라는 아이디어가 떠올랐다. 각동마다 파출소와 동사무소가 따로 떨어져 있는데, 이를 합쳐서 복합청사로 짓도록 하자는 발상이었다. 그 안에 어린이집을 넣으면 부모들은 아이를 맡기고 민원 서비스를 받을 수 있으니 일거양득이었다.

　행정 하는 쪽에서는 부지를 마련하기 쉽고 건축비도 절감할 수 있을 것이다. 또 주민센터나 도서관, 문화시설을 함께 넣을 수도 있다.

　나는 자치구와 서울시, 파출소를 관할하는 경찰, 행안부 등 관련 부처를 설득해 관내 자양동에 선도적으로 복합청사를 지어 어린이집도 확충하고 문화 공간도 창출하는 전국의 모델 사례로 만들었다.

　지금은 전국에 있는 복합행정복지센터가 행정 기능과 어린이 문화 공간, 노인문화시설, 다목적 홀 등으로 잘 활용되고 있다. 이처럼 한 사람의 아이디어가 전국의 표준이 될 수 있다. 보람 있는 실사구시의 실천이었다.

2016년 중앙 권한의 지방 이양 속도에 맞추어 취약한 의회제도를 개선하는 입법을 발의했다. 집행부를 견제하기 위해서는 의회 직원에 대한 자율적 인사권 확보가 필요하다고 생각했기 때문이다. 지방의회의 사무직원 임명권을 지방의회 의장에게 부여하도록 해 시장 도지사 등 단체장을 제대로 견제할 수 있도록 한 것이다.

또 시도의원의 의정활동을 지원할 수 있도록 보좌하는 전문 인력을 배치해 견제와 감시 기능을 강화하는 법안을 발의해 통과시켰다.

오랜 군부 독재는 명령과 통제에 익숙하도록 만들어졌다. 그러나 지방자치를 시작하면서 행정이 명령과 통제가 아니라 협력과 연대로 바뀌기 시작했다. 지방자치의 발전이 지방의 각 분야와 조직에서 내실 있는 민주주의로 발전된 것이다.

전통적인 상부상조의 이웃 사랑을 자발적인 사회 발전의 에너지로 결집시키고, 활발한 시민의식이 깨어나면서 정치발전의 선순환을 이끌고 있다.

지방자치가 뿌리 깊이 안착해 원숙해지지 않으면 민주주의를 발전시키고 지켜낼 수가 없다.

경기 프롤로그

· · ·

경기도는 작은 대한민국이다. 서울에는 없는 글로벌 기업들이 있으며, 농업 임업 어업 등 이른바 6차산업을 위한 단지들이 넓게 포진해 있고, 문화 저력이 있는 곳이다.

남부에는 인구 밀집 지역과 역동적인 신도시가 있으며 북부에는 인구 과소지역과 도농복합지역이 있다. 개발제한구역, 군사시설보호구역, 수자원보호지역 등 여러 규제로 인해 개발이 어려운 지역도 있다.

경기도는 이런 복잡성과 장단점을 조정하고 보완하면서 세계적인 경쟁력을 갖춘 자치도로 재도약할 시기에 이르렀다.

지방주도 성장과 문화주도 성장이 실현 가능한 경기도에 제대로 비전을 이끌어갈 리더십이 필요하다. 그동안 축적시킨 경험과 지방자치에 대한 확고한 실사구시적 신념과 자세로 경기의 새 비전을 나는 꿈꾼다.

　수십 년을 살아온 서울 광진구의 아파트를 매각하고 지역구가 있는 경기도 하남시 감일마을로 이사했다. 세월의 흔적이 고스란히 남아 있던 아파트에서 신축 아파트로 옮기게 되자 생활 전반이 한층 편리해졌다.

　안전은 물론 단지 안에 다양한 커뮤니티 시설이 갖추어져 있고, 생활에 필요한 편의시설도 잘 조성되어 있어 주거 만족도가 높았다.

　경기도는 우리나라에서 가장 많은 인구가 거주하는 메가 리전Mega-Region이다. 광역자치단체 가운데 가장 높은 지역내총생산을 기록하고 있으며, 가장 젊고 교육 수준이 높은 인재들이 모여 사는 지역이다. 이러한 객관적 위상과 잠재력에 비해 경기도는 이에 걸맞은 평가를 충분히 받지 못하고 있는 것이 현실이다.

내 집 마련의 꿈

반백 년 넘도록 국민의 소원 1위는 '내 집 마련'이다. 1960~70년대 일자리를 찾아 무작정 대도시로 몰려든 사람들은 변변한 집 한 채 없이 산기슭으로, 하천 변으로, 또는 철도역 주변 공유지로 몰려들어 판잣집을 짓고 살았다. 춥고 비좁은 공간에서 아이를 낳고 또 키울 수밖에 없었다. 그런데 도시가 팽창하게 되자 그 판잣집마저 불법 건축물이라는 이유로 강제 철거당했다.

1980~90년대 큰 인기를 끌었던 드라마 '한 지붕 세 가족'처럼 본채 1층에 집주인이 살고, 2층이나 문간방에는 셋방살이를 하는 서민이나 친인척이 거주하던 모습이 흔했다. 그렇게 사글세를 전전하던 서민들의 가장 큰 소원은 '집주인 눈치 보지 않는 내 집 마련'이었다.

경기도 하남시로 이사 온 후, 주변에 살고 있는 젊은 부부들을 자주 만나게 된다. 서울과 인접한 미니 신도시급 아파트 단지이다 보니, 특히 어린 자녀를 둔 30~40대 부부들이 많이 거주하는 것 같다. 아이들이 뛰노는 모습과 젊은 엄마·아빠들의 웃음소리가 이곳을 신선하고 활기찬 에너지로 가득 채워주곤 한다. 그런데 이웃들의 속내를 듣다 보면, 그 밝은 풍경 이면에 놓인 현실 앞에서 안타까운 마음이 깊어진다.

“현관하고 화장실까지만 저희 집입니다. 나머지는 다 은행 소유죠. 아파트 대출 이자만 매달 100만 원 이상 나가니, 맞벌이로 부지런히 일해도 이자 갚고 나면 살림살이가 빠듯해요. 은행은 이자 장사로 상여금 잔치를 벌인다고 하는데, 서민을 위한 실질적인 대책은 없는 건가요?”

“언론에서는 영끌이다 뭐다 말이 많지만, 천정부지로 오르는 아파트값을 생각하면 어쩔 수가 없어요. 영끌을 해서라도 내 집을 마련하지 않으면 이번 생에서는 내 집 마련의 꿈을 포기해야 할지도 몰라요. 저희도 영끌해서 아파트는 구매했지만, 대출 갚을 생각을 하니 눈앞이 깜깜해요. 서민의 주택마련을 위한 대출에 국한해서 높은 이자를 제한하는 방법이 없을까요?”

“공공임대주택에 당첨되어 부푼 기대를 안고, 부랴부랴 이사 왔지만, 아이들은 정들었던 친구들과 헤어지는 게 싫다고 울고불고 난리였어요. 저도 정들었던 이웃과 헤어지려니 눈물이 났었는데,

이사 걱정 없이 오랫동안 건강한 지역공동체 속에서 즐겁게 살아
갈 방법이 있을까요?”

“영끌을 해서라도 아파트를 살 수 있는 사람들은 행복한 거죠.
그만한 형편이 되지 않아서 공공임대아파트에 입주한 건데, 이사
걱정 없이 공공임대아파트에 오래 살 수 있다면, 이것도 나쁘진 않
은 것 같아요. 공공임대아파트의 품질을 높이고 공급량을 늘리는
건 불가능한 일인가요?”

“공공임대아파트도 사는데 불편함도 없고 괜찮은 것 같아요. 공
공임대 아파트에 대한 이미지를 바꾸고 인식을 개선할 방법은 없
을까요?”

“예전에 신혼희망타운 입주자들이 아파트 외벽에 LH 로고를 빼
달라고 요구한 기사를 본 기억이 있는데, 공공임대주택에 대한 차
별적 시선 때문이었던 것 같아요.”

“공공임대주택에 대한 공급을 대폭 늘려서 집값을 안정시키면
좋겠어요. 무주택자들이 은행에 수억 원씩 대출받아서 집을 사느
니, 자신의 형편에 맞는 주택에 임대료를 내고 살면, 은행에 이자
낼 돈으로 가족과 외식도 하고, 아이들 학원도 보내고, 지역경제에
도 훨씬 큰 도움이 되지 않을까요?”

"속 모르는 사람들은 신도시가 만들어지면 좋겠다고 부러워하지만, 원도심에 사는 사람으로서 좋을 게 없어요. 상대적 박탈감도 크고, 도로도 많이 막히고, 아이들 사이에서도 차별이 생기고 문제가 하나둘이 아닙니다. 신도시와 원도심이 상생할 방법은 없을까요?"

"경기도에 신도시만 있는 게 아니잖아요. 여전히 낡고 오래된 도시가 많이 있는데 안전이나 생활 인프라 개선이 신속히 이뤄지지 않다 보니, 오히려 생활환경은 더 열악해지는 것 같아요. 특히 오래된 도시의 안전을 높일 방법은 없을까요?"

"막상 입주하려고 하니 자잿값과 인건비가 올랐다는 이유로 분양 당시 가격보다 1억 원이나 오른 가격을 일방적으로 제시하더라고요. 입주자에게 사전에 충분히 설명하고 협의하지 않고 일방적으로 이러는 것은 사기 분양 아닌가요?"

1960년대 경제 개발과 산업화가 본격화되면서 일자리를 찾아 몰려든 사람들로 인해 서울시는 급격하게 팽창했다. 그러나 이에 비해 주택공급은 턱없이 부족했다. 그 결과 주택난이 심각해지면서 부동산 가격은 급등했으며, 이 시기에 자산을 가진 부유층은 토지와 주택을 사들여 투기를 부추겼다.

집은 늘었지만, 삶은 따라오지 못해

1960~70년대 이후 서울시는 도심에서 주변부로 지속적으로 확장해나갔지만, 폭발적으로 증가하는 인구를 감당하지 못했다. 이에 정부는 경기도 광주 등 서울시 외곽지역에 대규모 이주단지를 만들어 서민을 이주시켰다.

하지만 이러한 조치만으로는 서울시의 주택난이 해결되지 않았다. 결국 노태우 정부는 집값 안정과 주택난 해결을 명분으로 분당, 일산, 평촌, 산본, 중동에 1기 신도시를 조성했다. 경기도 광주군現 성남시에 '광주대단지' 조성에 이어 경기도 신도시 개발이 본격화된 것이다.

이처럼 대규모 공급 정책이 이어졌음에도 불구하고 서울시의 주택시장은 안정되지 않았다. 주택가격은 급격히 상승했고, 무주택 서민들의 불만과 불안감도 커졌다. IMF 경제위기 과정에서 주춤했던 주택시장은 김대중 정부 이후 다시 경제가 살아나면서 꿈틀대기 시작했다.

가파르게 상승하는 부동산 시장을 잡기 위해 참여정부에서는 2기 신도시 건설을 발표했다. 판교, 동탄, 광교, 위례, 운정 등 수도권에 10곳, 충청권에 2곳. 총 12곳에서 대규모 주택공급 사업이 추진되었으나 주택 가격은 좀처럼 안정되지 않았다.

이에 문재인 정부는 정권의 명운을 걸다시피 하면서 다주택자에 대한 규제를 강화하고 투기성 자본을 차단하고자 했다. 그러나 서울시의 주택 가격은 계속해서 상승했고, 주택시장 불안은 문재인 정부 국정 운영의 가장 큰 부담으로 작용했다. 공급 확대와 규제 강화라는 두 가지 처방으로도 서울의 집값, 특히 강남 지역의 집값을 잡는 데에는 한계가 있었다.

한편 경기도는 대도시인 동시에 위성도시인 두 가지 특성을 띠고 있어서 복합적인 문제를 떠안고 있는 곳이다. 경기도는 자체적인 중장기 발전 전략에 따라 신도시를 조성해 온 것이 아니라, 급격히 상승하는 서울의 집값을 안정시키기 위한 수단으로 주택 공급용 신도시를 받아들여 온 측면이 크다. 그 결과 교통 문제를 비롯해 교육, 환경, 공동체 붕괴 등 다양한 사회적 문제가 누적되어 왔다.

경기도의 지속가능한 발전을 위해서는 지역 특성에 맞는 종합적인 마스터 플랜이 필요하다. 획일적인 형태의 공공임대주택이 아니라, 기능과 디자인의 다양성을 살리고 충분한 주민 편의시설을 갖춘 경기형 신개념 공공임대주택의 확충이 요구된다.

또한, 신도시에만 정책 역량을 집중할 것이 아니라, 원도심을 활성화할 수 있는 재생·안전·생활 인프라 지원 정책도 함께 추진해야 한다. 지역별 특색을 재점검해 개발과 보존이 조화를 이루는 방향으로 나아가야 할 것이다.

'15분 자족도시'로

"경기도에 양질의 더 좋은 일자리가 많다면, 경기도민들이 교통지

옥을 감내하면서까지 서울시로 출퇴근해야 할 이유가 있을까요?”

교통문제의 고통을 호소하시던 주민이 던진 질문은 교통 문제와 주거 문제, 나아가 생활권 전반의 문제를 함께 고민하던 내게 울림을 주었다.

경기도가 진정한 의미의 자족도시가 되기 위해서는 충분한 양질의 일자리가 필요할 뿐만 아니라, 삶터와 쉼터, 그리고 배움터가 조화롭게 어우러져야 한다.

이러한 문제의식 속에서 경기도 역시 ‘15분 도시’ 개념을 적극적으로 검토하고 추진할 필요가 있다. 15분 도시는 집에서 도보나 자전거를 이용해 15분 이내에 일터, 쇼핑, 교육, 의료, 여가 등 일상생활의 핵심 기능을 모두 누릴 수 있도록 도시 공간을 재편하는 스마트시티 개념이다.

한마디로 ‘직職 · 주住 · 락樂 · 학學’이 어우러진 도시라고 할 수 있다. 이러한 도시 구조는 삶의 질을 높이고, 지역 공동체 안에서의 사회적 관계를 회복시키며, 도시가 배출하는 탄소를 줄이는 친환경 전환을 가능하게 한다.

15분 도시는 프랑스 파리시가 가장 먼저 본격적으로 도입해 세계적인 주목을 받았다. 파리의 여성 시장인 안 이달고 시장은 보행 중심 도시와 생활권 중심 행정을 통해 도시의 경쟁력은 물론 시민의 일상을 바꾸는 데 주력했다.

그 후 이 개념은 전 세계 주요 도시로 확산되었고, 우리나라에서도 부산시 등 일부 광역자치단체가 이를 벤치마킹하고 있다.

이제 경기도 또한 주거, 일, 쇼핑, 교육, 의료, 여가 등 필수적인 도시 기능을 주거지 인근에서 해결할 수 있도록 15분 도시를 본격적으로 추진해야 할 때이다.

집 주변에 양질의 일자리가 있고, 아이들이 안심하고 다닐 수 있는 학교와 교육 환경이 있으며, 편안히 쉬고 문화를 누릴 수 있는 공간이 충분하다면, 굳이 먼 서울까지 이동하며 삶을 꾸려갈 이유가 있을까?

경기도가 지향해야 할 도시는 바로 이러한 질문에 답할 수 있는 도시라고 생각한다.

삶의 기본은
주거복지에서 시작합니다

• • •

우리나라 사람들이 아파트를 비롯한 주택 가격에 민감하게 반응하는 이유는 가계 자산 구조와 직결되어 있기 때문이다. 우리나라 가계 자산의 약 70~80%가 부동산에 집중되어 있으므로, 주택 가격의 변동은 곧바로 가계 전체 자산 가치의 변화로 이어진다.

이로 인해 주택 공급 정책이나 대출 규제, 세제 변화, 금리와 같은 외부 요인에 따라 국민의 체감 경제 상황이 크게 흔들릴 수밖에 없다.

주거 안정은 단순한 자산 문제를 넘어 삶의 전반과 맞닿아 있다. 주택 문제는 교육 환경과 일자리 선택에 영향을 미치고, 나아가 노후의 안정성까지 좌우한다.

특히 서민 가구의 경우 자산의 상당 부분이 주택담보대출 형태로 은행에 묶여 있어, 매달 이자 상환 부담이 가계에 큰 압박으로 작용한다. 그 결과 소비 여력은 줄어들고, 삶의 선택지는 제한될 수밖에 없다.

이처럼 주택시장은 개인의 주거 문제를 넘어 가계 경제와 사회 구조 전반에 영향을 미치게 된다. 따라서 주택시장 안정은 단기간에 해결할 수 있는 단순한 과제가 아니다. 국내외 경제 여건과 금융 환경, 사회 구조 변화까지 함께 고려해야 하는 정부의 핵심 정책 과제이다.

필요한 집을, 필요한 만큼

정부는 서민의 주거 안정을 위해 공공임대주택을 공급해 왔지만, 여전히 물량은 충분하지 않다. 주택시장의 구조적 불안을 해소하기에는 공급 규모와 다양성 모두 한계가 분명하다.

유럽 주요 국가들은 공공임대주택, 즉 사회주택을 통해 주택시장을 안정적으로 관리하고 있다. 경제협력개발기구OECD는 사회주택을 '시장 임대료보다 낮은 수준으로 공급되는 주택'으로 정의하고 있다.

국회도서관이 발표한 현안자료에 따르면, 2022년 기준 전체 주택 대비 사회주택 비율은 네덜란드가 34.1%로 가장 높았고, 오스트리아 23.6%, 덴마크 21.3%가 뒤를 잇고 있다. 파리시는 2025년까지 사회주택 비율을 25%까지 끌어올리겠다는 계획을 추진하고 있다.

유럽의 사회주택은 공급 물량이 충분할 뿐만 아니라, 외형과 기능 면에서도 일반 주택과 구분되지 않는 것이 특징이다. 이는 사회주택을 특정 계층만을 위한 주거가 아니라, 도시 주거 체계의 한

축으로 인식하고 있기 때문이다.

반면 우리나라의 사회주택 비율은 8.9%로 OECD 평균인 7.1% 보다 다소 높지만, 주택시장 안정이라는 목표를 달성하기에는 여전히 부족한 수준이다. 네덜란드나 오스트리아와 같은 국가를 참고해 공공임대주택의 공급 규모를 대폭 확대할 필요가 있다.

양적 확대와 함께 질적 개선도 중요하다. 공공임대주택의 기능과 품질, 디자인을 개선하고, 획일적인 형태에서 벗어나 다양한 주거 유형을 설계해야 한다. 특히 혼합형, 이른바 소셜 믹스Social Mix 공공임대주택을 통해 다양한 계층이 함께 거주할 수 있는 주거 환경을 조성할 필요가 있다.

이는 주거 환경 개선뿐 아니라 신뢰와 연결망, 호혜성을 바탕으로 한 사회적 자본을 축적하고, 공공임대주택의 사회적 통합 효과를 극대화하는 데에도 기여할 것이다.

공공임대주택에 대한 수요는 이미 매우 높다. 장기임대주택은 최대 10~20년까지 거주할 수 있어 주거 불안을 크게 낮출 수 있고, 저렴한 임대료와 전세 사기 위험이 없다는 점에서 높은 인기를 얻고 있다. 최근 대구의 한 장기임대 단지는 240대 1이 넘는 경쟁률을 기록하기도 했다.

청년주택 역시 시세 대비 30~80% 수준의 임대료와 우수한 입지, 커뮤니티 시설을 갖추면서 청년층의 주거 대안으로 자리 잡고 있다. 실제로 2025년 LH가 공급한 서울 청년임대주택은 190가구 모집에 약 5만7천 명이 신청해 300대 1이 넘는 경쟁률을 보였다.

경기도 역시 예외가 아니다. 경기주택도시공사GH가 동탄 지역에 공급한 장기 전세주택과, 서울주택도시개발공사SH의 장기 전세주택 모두 높은 경쟁률을 기록했다.

이는 공공임대와 장기전세주택이 일시적인 보조 수단이 아니라, 실질적인 주거 대안으로 기능하고 있다는 것을 보여주는 실례이다. 그럼에도 경쟁률이 말해주듯, 공급은 수요를 따라가지 못하고 있다.

내 집 마련을 원하는 계층을 위해서는 지분 적립형 주택과 같은 새로운 공공분양 모델도 주목할 필요가 있다. 지분적립형 주택은 초기 부담을 낮추고 장기간에 걸쳐 소유권을 확보할 수 있도록 설계된 제도로, 무리한 대출이나 '영끌', '빚투' 없이도 주거 사다리를 오를 수 있는 현실적인 대안이 될 수 있다.

이처럼 주거 불안을 해소할 다양한 정책들이 시행되고 있다. 하지만 높은 경쟁률에서 알 수 있듯 공급이 한참 모자란다. 다양한 공급 정책은 젊은 인구가 많은 경기도가 선도해야 할 과제이다.

주거는 삶의 기본이다. 장기임대주택, 청년주택, 공공전세, 지분적립형 주택 등 다양한 수요에 맞는 주택을 충분히 공급해야 하는 이유가 바로 여기 있다.

이를 뒷받침하기 위해 법과 제도 역시 신속하게 정비되어야 하며, LH와 GH, HUG 등 공공주택 관련 기관의 역할과 전략도 시대 변화에 맞게 재정립되어야 한다. 변화를 뒤쫓는 행정이 아니라, 수요를 예측하고 선도하는 정책이 필요하다.

경기의
미래도시 비전

· · ·

기후위기와 인공지능AI 기술은 국경을 넘어 지구적 단위의 대전환을 이끄는 두 가지 핵심 키워드이다. 동시대를 살아가는 인류 모두가 직면한 기후위기는 단순한 환경 문제가 아니라, 사회와 경제 전반의 구조적 변화를 요구하는 미래 과제인 것이다. 지금 대응하지 않는다면 기후위기는 우리 아이들에게 더 큰 재앙으로 되돌아올 수밖에 없는 진행형 위기이다.

이러한 문제의식 속에서 '기후정의'를 국민의 기본권으로 인식하고, 이를 헌법에 반영해 국가가 보다 적극적으로 책임을 져야 한다고 일찌감치 주장해 왔다.

인공지능AI은 환경 문제와 관련해 두 가지 상반된 얼굴을 지니고 있다. 실내 적정 온도를 유지하고 전력 사용을 최적화하는 등, 인공지능AI은 에너지 효율을 높여 환경보전에 기여하는 측면이 있다.

반면 대규모 데이터 처리 과정에서 막대한 전력이 소비되고, 냉각 수 사용이 늘어나면서 탄소 배출을 증가시키는 요인이 되기도 한다.

이러한 인공지능AI 기술이 산업 전반에 확산되면서 생산성 향상과 새로운 성장 동력을 창출하는 대전환이 진행되고 있다. 이 과정에서 사람들의 생활양식Life Style은 물론, 도시의 구조와 기능, 나아가 도시의 미래 자체가 근본적으로 변화할 것이라는 전망도 커지고 있다.

넷 제로Net-Zero 도시

미래 도시는 안전하고 지속 가능한 도시여야 한다. 이를 위해 저는 2025년 1월 8일 경기주택도시공사GH와 함께 '넷제로 스마트시티 포럼'을 개최하여, 3기 신도시가 나아가야 할 방향을 점검했다.

1기와 2기 신도시가 서울의 집값 안정을 위한 베드타운으로 조성되었다면, 3기 신도시는 단순한 주거 공간을 넘어 생활·일자리·여가가 함께 이루어지는 자족도시로 전환되어야 한다.

주거 안정이라는 기존의 패러다임을 넘어, 기후위기에 능동적으로 대응하는 넷제로 스마트시티를 구체화해야 한다. 이를 통해 더 안전하고 지속 가능한 미래 도시를 만들어가야 한다.

그동안 도시는 '개발'이라는 이름 아래 자연을 훼손해 왔다. 그러나 3기 신도시는 지구의 지속가능성을 회복하고, 도시 스스로의 자족 기능을 높이는 방향으로 설계되어야 한다. 이를 가능하게 하는 핵심 요소는 바로 에너지 혁신이다.

에너지는 인류 문명의 출발점이자 끊임없는 도전 과제였다. 석탄과 석유를 중심으로 산업화를 이뤄왔지만, 이제 화석연료 중심의 시대는 분명한 한계에 도달하고 있다.

탄소중립과 RE100 시대를 대비해 태양광, 열 병합, 빗물 순환 시스템 등 다양한 기술을 도시 전반에 적용하고, 도시 전체의 에너지 효율을 체계적으로 높여야 한다. 이를 위해서는 개별 가구 차원을 넘어, 지역 단위에서 에너지의 생산·저장·소비를 통합적으로 관리하는 집단 에너지 전략이 필요하다.

지역 단위 맞춤형 에너지 관리 시스템인 REMS를 구축해 기상 조건과 전력 수요를 분석하고, 재생에너지의 활용을 최적화해야 한다. 여기에 전기저장장치ESS를 통해 재생에너지를 안정적으로 저장·공급하고, 생산된 에너지를 인근 지역이나 산업 현장에 원활히 공급할 수 있도록 전력구매계약PPA 제도 역시 활성화해야 한다.

이러한 에너지 통합체계를 효율적으로 운용하기 위해 '경기에너지공사' 설립을 생각해 볼 수 있다.

에너지 혁신은 인공지능AI 디지털 도시를 구현하기 위한 전제 조건이기도 하다. 효율적인 에너지 관리 없이 인공지능 기반의 도시 운영은 불가능하다.

앞으로 우리가 살아가게 될 도시는 인공지능AI 디지털 도시가 될 것이다. 스마트 도시와 친환경 도시라는 이름으로 이미 일부 현실이 되고 있지만, 미래 도시는 지금까지와는 전혀 다른 모습으로 빠르게 변화할 것이다.

경기도는 이 변화의 흐름을 따라가는 지역이 아니라, 앞서 설계하고 선도하는 지역이 되어야 한다.

인공지능AI 도시

기술적으로는 인공지능AI 기술이 도시에 접목될 것이라는 전문가들의 진단이 이어지고 있다. 이러한 문제의식 속에서 저는 한국토지주택공사LH와 함께 2025년 8월 21일 「지속가능 미래도시와 국가 AI 경쟁력 강화」라는 주제로 토론회를 개최했다.

이 자리에서 인공지능AI 산업과 연구, 일자리가 유기적으로 연결되는 새로운 자족도시 모델을 구축해야 한다고 제안했다.

세계는 이미 스마트 도시를 넘어 인공지능AI 도시로의 전환에 주목하고 있다. 그 대표적인 사례로 일본의 '우븐 시티'를 들 수 있다.

우븐 시티는 후지산 기슭 시즈오카현 스소노시에 위치한 옛 공장 부지 약 70만㎡ 규모로 조성되고 있으며, 자율주행차 테스트를 넘어 차세대 모빌리티와 도시 기술 전반을 실증하는 프로젝트이다.

모빌리티 실험과 스타트업 인큐베이션, 생활 속 AI 적용이 동시에 이루어지며, 인공지능 기반 미래도시의 가능성을 현실 공간에서 구현하고 있다.

이러한 흐름 속에서 경기도 역시 인공지능AI 도시를 준비하고 있다. 용인특례시, 화성 송산그린시티, 하남 교산신도시 등은 정부의 'AI 대전환' 전략에 발맞춰, 2030년까지 국내 산업 경쟁력의 핵심 거점이자 AI 산업 생태계의 혁신 허브로 도약하겠다는 목표를 세우고 있다.

다만 인공지능AI 기반의 미래도시는 단순한 기술 집적지에 머물러서는 안 된다. 미래도시는 사람을 중심에 두고 설계된 지속 가능한 도시여야 한다.

또한 기후위기에 선제적으로 대응할 수 있는 구조를 갖춰야 한다. 기술의 진보가 삶의 질 향상으로 이어지지 못한다면, 그것은 진정한 미래도시라고 부를 수 없다.

경기도는 이러한 기준을 충족하는 미래 도시 모델을 선도해야 한다. 도시의 자족 기능을 강화해야 한다. 아울러 첨단 산업과 스마트 인프라를 유기적으로 결합해 일자리와 인재가 함께 모이는 구조를 만들어야 한다.

주거와 생활, 환경이 조화를 이루는 선순환 구조를 구축하는 것이 중요하다. 이것이 인공지능AI 시대에 경기도가 선택해야 할 미래 도시의 방향이다.

3부

경기도,
대한민국을 넘어 세계로

사람을 끄는 시그니처 도시 경기도
첨단 산업 성장으로 글로벌 경기도를
자유와 다양성이 보장되는 경기도

관심이 가는 글로벌 지방정부 중 하나가 미국의 캘리포니아 주이다. 캘리포니아 주는 하이테크 일자리와 문화 산업이 결합된 산업 구조를 바탕으로 높은 경제 성장을 이어가고 있다.

2024년 기준 캘리포니아 주 명목 국내총생산GDP은 약 4조 1천억 달러로 일본의 약 4조 1백억 달러를 앞서며, 단일 지방정부로서는 세계 4위에 해당하는 경제력을 갖고 있다.

경기도 역시 이러한 성장 가능성을 충분히 갖추고 있다고 생각한다. 경기도의 하이테크 기술 역량과 문화적 잠재력은 글로벌 경쟁력을 키울 수 있는 중요한 자산이다.

우리나라 광역자치단체 가운데 지역내총생산GRDP 1위를 기록하고 있는 경기도는, 기술과 문화가 융합된 전략을 통해 세계를 선도하는 경쟁력을 확장해 나갈 것이다.

사람을 끄는
시그니처 도시 경기도

· · ·

캘리포니아에 대해 떠올리는 첫 번째 이미지는 '재미있는 도시'이다. 할리우드와 디즈니랜드로 대표되는 엔터테인먼트 산업의 뿌리가 깊기 때문이다. 두 번째 이미지는 최첨단 기술을 기반으로 한 '부유한 도시'이다. 실리콘밸리를 중심으로 구글, 애플, 메타와 같은 글로벌 빅테크 기업들이 치열하게 경쟁하고 있기 때문이다.

이처럼 재미와 첨단 기술이라는 두 가지 요소는 경기도가 큰 잠재력을 지니고 있는 분야이다. 경기도 곳곳이 시그니처를 살려 특색 있는 도시, 매력적인 도시로 거듭나야 한다. 중요한 것은 사람들을 이끌어 낼 수 있는 도시 경쟁력을 발굴해 발전시켜 나가는 일이다.

재미있는 도시

재미있는 경기도를 만들기 위해 도시만의 개성을 잘 살리고 홍보하는 것이 중요하다.

도시는 개성과 재미, 디지털 감수성을 바탕으로 한 창의적인 공간이자 전통과 현대가 어우러진 생활 무대이다. 그 안에 놀 거리와 볼거리, 먹을거리와 즐길 거리, 그리고 사진을 찍고 공유하고 싶은 요소들이 모이면서 도시만의 고유한 이미지가 만들어질 것이다.

"경기도에는 여러 시군이 있는데, 100만 명이 훌쩍 넘는 최첨단 도시가 있는가 하면, 4~6만 명밖에 되지 않는 농촌 지역도 있잖아요. 같은 경기도라고는 하지만 인구수, 연령대, 산업 분포 등 편차가 큰 것 같아요. 오히려 다양성을 무기로 하여 지역별로 맞춤형 이미지를 만들고 이런 것을 다 누릴 수 있는 곳이 경기도라고 하는 건 어떨까요?"

"경기도에는 빼어난 산도 있고, 바다도 있고, 갯벌도 있고, 섬도 있고, 무엇보다도 전 세계 하나뿐인 비무장지대도 있어요. 정말 놀 거리, 즐길 거리, 먹을거리가 많은데, 사람들이 널리 알리고 싶어요."

"2023년 서울시를 방문한 외래 관광객이 1200만 명이 넘는다고 합니다. 한국을 방문한 외국인 관광객의 80.3%가 서울시를 방문한다고 하는데, 경기도까지는 오지 않는다고 합니다. 경기도에 관광객이 많이 찾아와야 지역경제가 활성화될 텐데, 한국을 방문한 외국인 관광객을 경기도로 불러 모을 방법이 없을까요?

더군다나 서울시와 인천국제공항, 김포국제공항하고도 가까워서 찾아오기도 편리한데, 이런 것들을 잘 홍보하고 프로그램 만들면 해외 관광객들이 엄청 많이 몰려들지 않을까요?”

“베이징에 가면 798 예술특구라는 곳이 있더라고요. 대만에도 가오슝 보얼예술특구가 있고, 베트남에도 비슷한 곳이 있다고 들었는데, 경기도에도 이런 예술특구들을 많이 조성하면 좋겠어요. 미군 부대가 이전한 곳이나 폐업한 공장지대 등을 활용해서 예술가들에게는 창작의 공간을 마련해 주고, 관광객들을 끌어 모아서 지역경제도 활성화하면 1석 2조라고 생각하는데, 경기도 주변을 둘러보면 적절한 장소가 있지 않을까요?”

“케이팝 ‘데몬 헌터스’ 영화 한 편으로 국립중앙박물관을 비롯해 남산N타워, 낙산공원 성곽길, 북촌한옥마을 등 서울의 곳곳이 세계인이 즐겨 찾는 핫 플레이스가 됐잖아요. 경기도에는 그것보다 더 빼어난 곳이 많은데, 아직 알려지지 않는 게 안타깝습니다. 경기도에 남한산성, 수원화성 등 역사적으로나 자연 환경적으로나 세계인을 매료시킬 장소가 많은데 경기도가 앞장서서 이런 곳을 알리는 효과적인 홍보방법이 없을까요?”

많은 사람들은 편리한 인프라가 잘 갖추어진 도시에서의 삶을 원하면서도, 동시에 자연 속에서의 삶을 동경한다. 사람들로 북적이는 공간에서 도회적 활기와 경제적으로 안락한 일상을 누리고 싶어 하는 한편, 때로는 한적한 곳에서 자신만의 시간을 보내고자 하는 로망도 함께 지니고 있다.

이러한 상반된 바람 속에서, 각자의 삶터와 생활 방식에 맞는 즐거움을 찾아가는 경향이 점점 뚜렷해지고 있다.

경기도는 이러한 바람을 모두 품을 수 있는 지역이다. 도시와 자연이 공존하고, 다양한 맛집과 여행 자원이 어우러진 경기도는 사람들의 다양한 로망을 충족시킬 수 있는 충분한 매력을 갖추고 있다.

경기도 곳곳에 숨어 있는 도시의 매력

도시에 대한 기대와 선호는 세대에 따라 뚜렷한 차이를 보이고 있다. 어르신 세대는 건강을 지키고 여가를 누릴 수 있는 인프라를 갖춘 도시를 선호한다. 병원과 복지관, 파크골프장 등 일상에 밀착된 생활 편의시설의 유무가 중요한 기준이 된다.

반면 40~50대 장년층은 기본적인 생활 인프라를 갖춘 환경 속에서 자녀를 키우기 좋은, 현대적이고 환경친화적인 주거 공간을 중요하게 여긴다.

여기에 더해, 스마트한 주거 환경을 중시하는 세대도 점차 늘어나고 있다. 첨단 IoT와 홈네트워크를 갖춘 주거 공간, 다양한 커뮤니티 시설, 그리고 트렌디한 도시 이미지는 삶의 만족도를 좌우하는 요소로 작용하고 있다.

경기도 하남시 역시 이러한 변화의 흐름 속에 있다. 신도시 건설과 함께 동네 풍경은 크게 달라졌다. 신축 아파트와 각종 생활 인프라가 들어서면서 생활의 편의성이 높아졌고, 3040세대의 유입으로 지역 전반에 활기가 더해졌다.

동네가 젊어지다 보니, 곳곳에서 진행되는 공연과 문화프로그램이 다채로워지고, 강변을 따라서는 자전거 길과 산책로도 산뜻하게 정비되었다.

멀리 서울시까지 가지 않아도 집 주변에서 즐길 곳이 많아졌다. 맛집엔 대기 줄이 길게 늘어서고, 대형 쇼핑센터스타ㅇ드는 이른바 핫플레이스가 되어 SNS에 자주 오르내린다. 인플루언서와 개인의 SNS 등을 통해 지역의 맛집과 멋집이 소개되면서 하남시를 찾아오는 사람들도 늘었다.

지역에서 만난 대학생은 요즘 트렌드가 만들어지고 확산하는 것에 대해 이렇게 설명하고 있다.

"친구는 말할 것도 없고, 연예인이나 유명인사 등 팔로잉 하는 사람들의 SNS계정을 자주 봅니다. 누가 어디서 무엇을 하는지, 개인 SNS를 보면 실시간으로 확인할 수 있으니까요. 사람들은 주로 자신의 일상과 독특한 경험을 SNS에 많이 올리는데, 요즘은 대중교통시설을 통해서 어디든 쉽게 갈 수 있기 때문에 재미있고 독특한 체험을 할 수 있는 곳이라고 소문나면 찾아가는 편입니다."

중요한 것은 이것이 일회적인 효과가 아니라는 점이다. 앞서 지역에서 만난 대학생이 이야기했듯이 이런 소문은 SNS를 타고 눈덩이처럼 불어나서 점점 더 이곳을 찾는 사람들이 계속해서 늘어나게 되고, 그것이 다시 각자의 SNS를 타고 확대 재생산된다.

그렇다면 경기도에는 어떤 재미가 숨어있을까? 우리가 너무나 당연하게 생각해 눈여겨보지 않았던 재미있는 요소들이 경기도의 곳곳에 자리 잡고 있다는 것을 알게 될 것이다.

테마파크

어린이들의 소박한 바람은 화창한 주말이나 어린이날 부모님 손을 잡고 테마파크에 가서 신나게 놀며 즐기는 것이다. 자연과 어우러진 공간에서 놀이기구를 타고, 맛있는 것을 먹으며 온종일 웃고 뛰놀았던 기억은 아이들에게 오래도록 남는 소중한 추억이 된다.

우리나라 대표적인 테마파크 가운데 두 곳이 경기도에 있다. 그중에서도 에버ㅇ드는 세계 테마파크 Top 10에 다년간 이름을 올릴 정도로, 최고의 시설과 서비스를 자랑하고 있다.

이제는 개별 테마파크의 성공을 넘어, 지역의 특색과 시대적 가치를 담아낸 다양한 형태의 세계적 테마파크와 콘텐츠를 확장해 나가야 한다. 즐거움에 더해 환경과 기술, 도시의 미래 비전을 함께 담아낼 수 있을 때, 경기도의 테마파크는 한 단계 더 도약할 수 있다.

해외로 눈을 돌리면, 싱가포르에는 매립지 위에 조성된 가든스 바이 더 베이라는 세계적인 테마파크가 있다. 이곳은 식물원에서 발생하는 식물 폐기물을 활용하여 에너지를 생산하고 열병합 굴뚝을 이용해 랜드마크인 슈퍼트리를 조성하는 등, 재미와 친환경 메시지, 관광 명소라는 세 가지 가치를 동시에 구현한 복합 테마파크이다.

이러한 흐름 속에서 경기도 화성에서 화성국제테마파크가 조성되고 있다. 화성국제테마파크는 경기도를 대표하는 대규모 복합관광단지가 될 것이다.

테마파크를 중심으로 숙박·쇼핑·문화시설이 결합된 글로벌 관광 거점으로 계획되고 있으며, 2030년 완공을 목표로 추진되고 있다. 경기도가 미래형 관광·문화 산업으로 한 단계 확장하려는 전략적 시도이다.

결국 환경과 기술, 미래 가치를 담아내는 특색과 매력 요소에 성패가 달려 있다. 경기도의 문화적 매력과 글로벌 경쟁력을 함께 키운다면, 우리 아이들은 물론 전 세계의 가족들이 즐겨 찾는 공간이 만들어 질 것이다. 이를 위해 이미 경기도가 보유한 테마파크와 관광 인프라를 적극적으로 살리고, 지역별 특색 있는 콘텐츠와 연계해 시너지 효과를 극대화해야 한다.

자연환경

전 세계를 둘러보아도 경기도만큼 아름다운 자연환경과 풍부한 문화 자원을 함께 갖춘 지역은 많지 않다. 도심과 가까운 곳에 등산이 가능한 산들이 있고, 북한강과 남한강을 비롯해 임진강과 여러 하천이 유기적으로 이어져 있다.

또 서쪽으로는 서해 바다와 맞닿아 있어, 산·강·바다가 공존하는 입지적 장점을 지니고 있다. 이러한 환경은 해외 대도시에 거주하는 외국인들이 특히 부러워하는 요소이기도 하다.

이처럼 빼어난 자연환경에 더해, 경기도에는 다양한 역사·문화 자원이 축적되어 있다. 하남·광주·성남 일대만 살펴보아도 선사시대 유적에서부터 삼국시대 이성산성, 조선시대 광주향교에 이르기까지 시대별 역사문화유산이 고루 분포해 있다. 여기에 유네스코 세계유산으로 등재된 남한산성까지 더해져, 경기도의 역사적 깊이를 보여준다.

하남에는 한강과 자연경관이 어우러진 미사섬이 있다. 경관이 매우 우수하고, 편안한 산책길도 이어져 있다. 더불어민주당 소속 의원들을 초청해 함께 현장을 걸은 적이 있는데, 모두가 "이런 곳이 경기도에 있었느냐"며 놀라워했다.

아직 충분히 알려지지 않았을 뿐, 세계 어디에 내놓아도 손색없는 관광 자원이 곳곳에 존재한다는 점을 잘 알 수 있다.

시흥시의 오이도 역시 매력적인 곳이다. 서해의 풍경과 노을, 바다를 따라 이어진 공간은 이미 젊은 세대 사이에서 새로운 문화 트렌드로 자리 잡고 있다.

최근에는 4호선을 타고 오이도를 찾아가 바다를 배경으로 불꽃놀이를 즐기고 조개구이를 맛보는 것이 하나의 로망처럼 확산되고 있다. 이는 별도의 대규모 개발을 하지 않아도, 자연과의 접근성이 좋아지면 충분한 관광·문화 수요가 만들어질 수 있음을 보여주는 사례이다.

이러한 자원들을 체계적으로 정비하고, 스토리와 콘텐츠로 잘 엮어낸다면 경기도는 충분히 세계적인 관광 명소로 도약할 수 있을 것이다.

지역축제

문화·예술의 힘을 느낄 수 있는 국제적 규모의 페스티벌과 영화제도 있다. 조용히 사색하고, 평화롭게 흐르는 강물을 바라볼 수 있는 자라섬에서 캠핑을 하며 참여할 수 있는 '자라섬 국제 재즈 페스티벌'은, 단순한 음악축제를 넘어 지친 몸과 영혼을 달래는 치유의 시간이 될 것이다.

경춘선을 타고 멀리까지 가지 않아도 닿을 수 있는 경기도 가평에서 세계 최고 수준의 재즈 음악을 감상할 기회를 가질 수 있다는 것은 일상에 지친 이들에게 주는 선물과도 같다. 행사 관계자는 낮은 목소리로 이렇게 포부를 밝히고 있다.

"풀벌레 우는 자연 속에서 자유로운 영혼으로 재즈 음악을 듣고 있으면 일상에 지친 더 많은 국민이 편안하게 휴식을 취할 수 있는 공간으로 만들고 싶다는 욕심이 납니다. 캠핑을 하면서 축제를 즐길 수 있다는 점이 가장 큰 매력인데, '에든버러 국제페스티벌'을 능가하는 최고 수준의 국제페스티벌로 성장시켰으면 좋겠습니다.

경기도와 가평군, 전국의 문화예술인들과 지혜를 모아 가평 일대를 세계인을 위로하는 문화공간으로 만들고 싶습니다.”

1997년 첫발을 내디딘 ‘부천판타스틱영화제’는 부천을 상징하는 대표적인 문화축제이자 자랑할 만한 영화제이다. 실험적이고 다양한 장르의 영화가 소개되며, 국내외 영화 팬들의 꾸준한 사랑을 받고 있다.

이러한 영화제와 페스티벌에 더해, 각 지역의 고유한 특색을 살린 다양한 문화 행사가 곳곳에서 꽃을 피운다면 경기도의 문화적 위상은 한층 더 높아질 것이다.

지역의 일상과 정체성이 담긴 축제들이 세계와 연결될 때, 경기도는 자연스럽게 세계가 주목하는 문화의 무대로 자리 잡게 될 것이라고 생각한다.

경기도에는 옛 고을에서부터 전해 내려오는 설화와 인물에 관한 미담, 고장의 이름이나 사물에 얽힌 이야기와 전설이 곳곳에 남아 있다.

이러한 풍성한 문화자원을 체계적으로 발굴해 콘텐츠로 발전시키고, 노래·연극·영화 등 다양한 문화예술의 소재로 확장해 나가야 한다. 그러려면 문화산업과 관광산업으로 이어질 수 있도록 정책적 뒷받침이 필요하다.

이를 위해 경기콘텐츠진흥원의 역할을 새롭게 정립하고, 지역 문화자원을 산업과 연결하는 중추 기관으로 기능을 강화해야 한다. 지역마다 다양하게 갖고 있는 콘텐츠가 곧 경쟁력이 되는, ‘글로벌 경기도’의 모습이 완성되기를 기대해본다.

다양한 체험

이밖에도 가족이 함께 다양한 체험을 즐길 수 있는 공간들이 경기도 동서남북 곳곳에 고루 분포해 있다. 경기도 동부의 이천시 도자기 마을에서는 가족이 함께 물레를 돌리며 도자기를 빚는 체험을 할 수 있고, 북부의 파주시에 있는 헤이리 예술마을에서는 예술가들과 함께 매듭 공예와 악기 제작, 수제 도장, 캘리그라피, 양초 만들기 등 다양한 창작 체험이 가능하다.

서부의 시흥시에 있는 갯골생태체험장에서는 도심과 가까운 곳에서 갯벌과 염전을 직접 체험할 수 있으며, 남부의 용인시에 있는 한국민속촌에서는 조선시대 전통 생활과 세시풍속을 생생하게 경험할 수 있다. 드라마 촬영지로도 자주 활용되는 공간인 만큼, 운이 좋다면 촬영 현장을 마주하는 특별한 추억을 만들 수 있을 것이라고 생각한다.

이처럼 경기도 사방팔방에 흩어져 있는 풍부한 체험 자원에 전문가의 기획력을 더하고, 경기관광공사 등이 중심이 되어 이를 체계적으로 안내한다면 관광 경쟁력은 한층 높아질 것이다. 한국을 찾은 국내외 관광객들이 경기도에 머무르고 싶도록 다양하고 획기적인 시도가 필요하다.

경기도가 지닌 한국의 멋과 맛, 재미를 효과적으로 알리는 것은 물론 글로벌 브랜드 가치를 높이고 지역경제 활성화에도 크게 기여할 수 있을 것이라고 생각한다.

사진 한 장이 도시를 알린다

경기도에는 유네스코 세계문화유산으로 등재된 수원화성 성곽길처럼 한국의 유구한 역사와 전통을 품은 공간이 있는가 하면, 서해안의 아름다운 일몰로 이름난 시흥 월곶포구가 있다. 드라마 속 명장면을 담아낼 수 있는 가평 남이섬까지 경기도 전역에는 '인생사진'을 남길 수 있는 장소들이 풍부하게 자리 잡고 있다.

"사진 찍기 좋은 장소를 의미하는 '사진 맛집'으로 소문이 나야 사람들이 찾아가고, 지역경제가 살아납니다. 사람들은 자신의 SNS 계정을 통해 일상을 기록하고 자랑합니다. 자연스럽게 다른 사람의 계정을 둘러보고, 좋은 곳은 바로 따라갑니다. SNS에 '석양사진 찍기 좋은 곳', '오션뷰 맛집 카페'로 이름이 나면 전국은 물론 해외에서도 사람들이 모여듭니다."

"대표적인 사례로 2025 APEC 준비기획단은 2025년 경주에서 개최된 APEC의 성공을 위해 글로벌 인플루언서를 섭외해 APEC과 경주의 문화를 알리는 홍보전을 계획하였습니다. 6,400만 명의 소셜미디어 팔로워를 보유한 글로벌 인플루언서 등 6개 팀을 초대해 1박 2일 경주 팸투어Familiarization Tour를 진행하였습니다. ”

이 사례는 지역의 문화와 풍경을 디지털 콘텐츠로 확산시키는 전략이 얼마나 큰 파급력을 가질 수 있는지 잘 보여준다. 경기도 역시 곳곳에 흩어진 역사·자연·문화 자산을 체계적으로 엮어, 세계와 소통하는 새로운 관광 홍보 모델로 발전시켜 나갈 필요가 있다.

관광객이 모이는 경기도

전 세계적으로 한국의 음악과 드라마를 단순히 소비하는 수준을 넘어, 한국어를 배우고 한국문화를 직접 체험하려는 사람들이 늘어나고 있다. 영국의 명문 고등학교 학생들이 한국으로 수학여행을 온다는 소식은 이러한 변화를 상징적으로 보여주는 사례이다.

이 같은 관심은 자연스럽게 한국에 대한 긍정적 이미지 형성으로 이어지고, 한국 제품과 서비스에 대한 선호로 확장되고 있다. 특히 화장품과 식품, 미용 관련 상품이 큰 인기를 얻고 있는 만큼, 지방정부 차원에서도 이를 뒷받침할 체계적인 마케팅과 지원 전략을 마련할 필요가 있다.

실제 조사에 따르면 한류를 경험한 사람 가운데 한국 제품과 서비스를 구매할 의향이 있다고 응답한 비율은 58.9%에 달했다.

품목별로는 식품 구매 의향이 66.2%로 가장 높았고, 이어 화장품 57.1%, 가전제품 55.3% 순으로 나타났다. 이는 한류가 문화적 현상을 넘어, 한국에 대한 신뢰도 제고와 관광 활성화, 무역 증진에까지 직접적인 영향을 미치고 있음을 보여주고 있다.

2025년 1월부터 8월까지 우리나라를 방문한 외래 관광객 수만 보더라도 소프트 파워의 놀라운 영향력을 확인할 수 있다. 이 기간 누적 외래 관광객은 약 1,200만 명으로, 전년의 같은 기간보다 약 170만 명 증가했으며, 코로나 이전인 2019년과 비교해도 약 4.6% 포인트 높은 수준을 기록했다.

다만 1,200만 명에 이르는 외래 관광객 가운데, 실제로 경기도를 찾는 관광객의 비중은 충분하다고 보기 어렵다. 우리나라 관광의 성과가 서울과 일부 지역에 집중되는 구조 속에서, 경기도의 잠재력은 온전히 활용되지 못하고 있는 것이 현실이다.

중요한 것은, 이 관광 수요를 어떻게 경기도로 끌어올 것인가 하는 점이다. 경기도가 가진 자연과 역사, 문화와 콘텐츠, 체험 자원을 유기적으로 엮어 '머무르고 다시 찾고 싶은 여행지'로 만드는 전략이 필요하다.

관광객이 단순히 스쳐 지나가는 공간이 아니라, 일부러 목적을 갖고 찾는 지역으로 자리 잡을 때 경기도 관광의 경쟁력도 본격적으로 살아날 것이다.

첨단 산업 성장으로
글로벌 경기도를

· · ·

경제 기여도 측면에서 보면, 경기도의 명목 지역내총생산GRDP은 2024년 기준 약 696조 원 규모로 우리나라 전체 국내총생산GDP의 약 25%를 차지하고 있다. 이는 서울648조원을 넘어서는 수치로, 경기도가 명실상부한 전국 1위의 경제 규모를 갖춘 지역임을 보여준다.

아울러 제조업 부문에서도 경기도의 비중은 압도적이다. 부가가치 기준으로 전국 제조업의 약 35% 이상이 경기도에서 창출되고 있으며, 우리나라 산업 경쟁력의 핵심 축을 담당하고 있다.

글로벌 AI 허브

경기도는 반도체와 IT를 비롯한 첨단 제조 분야에서 우리나라 수출의 전초기지 역할을 수행하며, 국가 경제를 견인하는 핵심 성장 거점으로 자리 잡고 있다. 반도체와 IT 등 미래 첨단 산업이 집적된 경기도는 우리나라 경제 성장을 이끄는 '가장 강력한 엔진'이라고 할 수 있다.

2024년 기준으로 글로벌 메모리 반도체 시장에서는 삼성전자와 SK하이닉스 두 기업의 합산 점유율이 약 60%를 넘어서며 압도적인 경쟁 우위를 유지하고 있다.

인공지능AI 시대의 핵심 기술로 부상한 HBM고대역폭 메모리 시장에서는 SK하이닉스가 선도적인 위치를 차지하고 있으며, 두 기업의 HBM 시장 합산 점유율은 약 80%에 달한다.

최근 엔비디아가 2025년 한국에 약 26만 장의 GPU를 공급하기로 한 결정 역시 주목할 만한 일이다. 이는 한국을 글로벌 AI 허브로 도약시키기 위한 대규모 협력으로, 이른바 'K-AI 동맹'의 상징적 사례로 평가받고 있다.

반도체를 넘어 인공지능의 활용 영역도 빠르게 확장되고 있다. 현대자동차는 단순한 반도체 생산을 넘어 '피지컬 AI' 구현을 통해 인간 중심의 AI 로보틱스 시대를 준비하고 있다. AI 기술의 내재화를 통해 피지컬 AI 선도 기업으로 도약하겠다는 전략 아래, 로보틱스 중심의 새로운 AI 산업 생태계 구축에 나서고 있다.

이처럼 세계 경제의 경쟁 구도는 국가 단위를 넘어 지역 단위 경쟁으로 빠르게 전환되고 있다. 앞으로 이러한 흐름은 더욱 뚜렷해질 것으로 보인다. 지역의 산업 역량과 혁신 능력이 곧 국가 경쟁력을 좌우하는 핵심 요인이 될 것이라는 전망이다.

한국의 실리콘밸리

정보통신기술IT, 생명공학기술BT, 문화콘텐츠·플랫폼CT 분야를 이끄는 기업과 스타트업이 밀집한 판교는 우리나라 대표 혁신 클러스터이다. 때문에 '한국의 실리콘밸리'라고 부르기도 한다.

판교 테크노밸리에는 한글과컴퓨터, 안랩 같은 일반 소프트웨어 업체를 비롯하여, 엔씨소프트, 넥슨, 네오위즈, 웹젠, 스마일게이트 등 게임 제작사들이 대거 입주해 있다.

또 NHN, 카카오, SK플래닛 등이 자리 잡고 있어서, 엔터테인먼트와 디지털 콘텐츠 산업의 핵심 거점으로 기능하고 있다.

생명공학 분야에서도 판교의 위상은 뚜렷하다. SK바이오팜, SK케미칼, 차바이오텍, 삼양바이오팜, 휴온스 등과 같은 대기업은 물론, 다양한 바이오 벤처가 집적되어, 연구개발과 사업화가 동시에 이루어지는 대표적인 바이오 클러스터를 형성하고 있다.

더 나아가 판교는 삼성중공업, 한국타이어, 한화에어로스페이스, LIG넥스원 등 주요 기업의 부설연구소가 있는 곳이다. 이와 함께 연구 인력이 안정적으로 생활할 수 있는 정주 여건도 갖추어져 있다. 고부가가치 하이엔드 기술이 지속적으로 성장할 수 있는 혁신 생태계가 잘 조성되어 있는 곳이라 할 수 있다.

인재가 모이는 경기도

경기도가 메가 리전Mega-Region, 즉 대도시와 그 주변을 아우르는 초광역 도시권이자 광역경제권으로 도약할 수밖에 없는 이유는 이미 여러 지표로 분명하게 증명되고 있다.

경기도의 인구는 약 1,400만 명으로 우리나라 전체 인구의 약 27%를 차지하며, 이는 웬만한 북유럽 국가 전체 인구를 넘어서는 규모다. 특히 경제활동인구 비율이 전국 최고 수준으로, 혁신을 이끌 핵심 인재가 가장 밀집된 지역이다.

경기도는 세계 최고 수준의 반도체 클러스터를 중심으로 첨단 제조 분야에서 우리나라 수출의 전초기지 역할을 수행하며 국가 경제를 견인하고 있다.

여기에 더해 경기도 내 4년제 대학은 약 40여 곳, 전문대학까지 포함하면 70여 곳에 이르러 전국에서 가장 많은 고등교육기관이 집중되어 있는 곳이다. 이들 대학에 재학 중인 학생 수만 해도 약 44만 명에 달해, 미래 첨단산업을 이끌 인적 자원의 보고 역할을 톡톡히 하는 셈이다.

실리콘밸리의 핵심 동력으로 평가받는 스탠퍼드대학교가 구글, 넷플릭스, 엔비디아, 테슬라 등 글로벌 혁신 기업의 최고경영자를 다수 배출한 사례는, 교육과 산업, 지역이 유기적으로 연결될 때 어떤 시너지가 발생하는지를 잘 보여준다.

경기도에 포진한 대학의 역량을 강화하고 풍부한 고급 인재를 활용한다면, 역시 우리나라 혁신 산업 생태계의 든든한 뿌리가 될 수 있을 것이다.

이처럼 경기도는 세계적 수준의 첨단 산업 단지와 풍부한 인재 풀, 안정적인 경제 기반과 생활 인프라, 높은 문화적 역량을 함께 갖추고 있다.

이제 경기도는 세계적 수준의 교육·연구·산업 전문기관과 협력해 인공지능AI 혁신 클러스터를 조성하고, 미래 세대를 위한 AI·로봇 교육을 본격화해야 한다. 그래야만 치열해지는 글로벌 인재 경쟁 속에서 주도권을 확보할 수 있다.

오늘날 글로벌 경제의 중심은 개별 국가가 아니라 메가 리전을 중심으로 재편되고 있다. 자본과 기술, 정보와 인재, 문화가 메가 리전에 집중되며 세계의 다른 지역과 격차를 벌리고 있다. 경기도는 이러한 변화의 흐름 속에서 메가 리전으로 도약할 수 있는 조건을 이미 충분히 갖추고 있다고 생각한다.

이제 중요한 것은 이 자산들을 전략적으로 연결하고 활용해, 경기도의 잠재력을 실질적인 경쟁력으로 전환해 나가는 일이다. 이를 통해 경기도를 대한민국을 넘어 세계와 경쟁하는 메가 리전으로 만들어가야 할 것이다.

자유와 다양성이
보장되는 경기도

· · ·

1981년 전두환 정권은 이른바 '국풍81'이라는 대규모 관제 축제를 기획했다. 서울 여의도광장에서 열린 이 행사는 겉으로는 전통과 예술을 내세운 문화 행사였지만, 실제로는 5·18 민주화운동 1주년을 맞아 확산되던 민중의 저항과 정치적 불만을 희석시키기 위한 고도의 정치적 기획이었다.

이와 맞물려 영화Screen, 스포츠Sports, 성문화Sex로 대중의 관심을 돌리려는, 이른바 '3S 정책'도 추진되었다.

그 결과 1988년 서울올림픽의 성공 개최와 프로스포츠 활성화라는 일정한 성과가 있었던 것도 사실이지만, 동시에 문화와 예술이 권력에 의해 통제·동원되며 문화의 질적 다양성이 위축되는 부작용 역시 남게 되었다.

이는 문화가 자율적 창작의 영역이 아니라 정치권력의 도구로 활용될 때, 어떤 문제가 발생하는지 보여주는 대표적인 사례다.

문화가 권력에 의해 통제되고 이용되던 시대와의 단절은 김대중 대통령이 제시한 "지원은 하되 간섭하지 말라"는 원칙에서 시작되었다. 이 원칙은 문화·예술 정책의 방향을 근본적으로 바꾸었고, 오늘날 우리나라가 문화강국으로 성장할 수 있었던 중요한 토대가 되었다.

국가는 재정과 제도로 지원하되, 창작의 자율성과 다양성은 철저히 보장해야 한다는 인식이 사회 전반에 자리 잡게 된 것이다.

이후 우리나라가 외환위기라는 국가적 위기를 극복하고 정보통신IT 강국으로 도약할 수 있었던 배경에도 같은 원칙이 작동했다. 김대중 정부는 벤처기업과 신산업에 대해 과도한 통제 대신, 도전할 수 있는 환경을 먼저 조성했다. 그리고 자유로운 경쟁과 실패가 허용되는 시장 속에서 혁신이 싹트기 시작했다. 경제 영역에서도 자유와 다양성을 존중하는 기조는 산업 구조를 바꾸는 핵심 동력이 되었다. 이제 이러한 흐름은 경기도에서 더욱 분명하게 이어져야 한다.

경기도는 문화와 산업, 기술과 생활이 동시에 집적된 지역으로 콘텐츠 산업과 예술 생태계, 세계적 수준의 첨단 제조업과 IT·바이오 클러스터, 그리고 젊고 역동적인 인구 구조를 함께 갖추고 있다. 이는 문화와 산업이 서로를 자극하며 성장할 수 있는 최적의 조건이라 할 수 있다.

경기도의 문화정책과 산업 전략 역시, '지원은 하되, 다양성과 창작성을 존중하는 원칙' 위에서 설계되어야 한다. 창작자와 기업이 자유롭게 도전하고 실험할 수 있는 환경을 먼저 조성하고, 행정은 이를 안정적으로 뒷받침하는 역할에 충실해야 한다. 문화는 자유로운 토양 위에서 자라날 때 가장 큰 힘을 발휘하기 때문이다.

도전이 멈추지 않는 경기도

우리나라가 국가부도 위기에 몰려 IMF국제통화기금에 구제 금융을 요청했던 외환위기를 극복하고, 정보통신IT 강국으로 도약할 수 있었던 데에는 김대중 대통령의 결단이 결정적인 역할을 했다.

김대중 정부는 창의와 도전을 무기로 새로운 시장에 뛰어든 기업들을 적극적으로 뒷받침하며, 이른바 '벤처 정신'이 살아날 수 있는 환경을 조성했다. 그 결과 벤처기업들은 외환위기로 침체돼 있던 경제와 사회 전반에 새로운 활력을 불어넣었다.

당시 수많은 벤처기업이 탄생하고, 실패하고, 다시 도전할 수 있었던 까닭은 국가 주도의 통제 중심 산업정책과는 다른 길을 택했기 때문이다.

벤처기업은 자유로운 경쟁과 실패가 허용되는 민주적 시장경제 속에서 성장할 수 있었고, 이는 김대중 대통령이 일관되게 강조해 온 시장경제의 실천이기도 하다.

김대중 대통령은 경제 전반에 관해 자유를 보장하고 다양성을 존중하는 기조를 유지했다. 이러한 경제 체질 개선은 오늘날 대전환의 시대에 기업들이 스스로 혁신할 수 있는 강력한 원동력이 되고 있다.

이제 이러한 경험과 원칙은 경기도의 미래 전략으로 이어져야 한다. 경기도는 우리나라에서 가장 큰 인구와 산업 기반, 가장 많은 청년과 인재, 그리고 첨단 산업과 문화가 함께 집적된 지역이다. 과거 벤처 생태계가 자유와 도전 속에서 성장했듯이, 경기도 역시 창의와 혁신이 스스로 자라날 수 있는 환경을 만들어야 한다.

도시의 매력과 재미는 어떻게 만들어지는가

우리 사회에는 오랫동안 문화·예술, 놀이와 창작 활동을 경시하는 분위기가 존재해 왔다. '열심히 일하는 개미가 되어야지, 먹고 노는 베짱이가 되어서는 안 된다'는 식의 교육이 이를 상징적으로 보여준다. 새로운 상상력과 창의성을 키우기보다, 억누르고 관리하려는 태도가 오랫동안 반복되어 온 탓이다.

그러나 지금은 분명히 달라지고 있다. 상상력과 예술적 감각이 뛰어난 '베짱이 같은 사람'이 있어야 하고, 그러한 재능을 인정하는 사회여야 제2의 BTS도, 제2의 봉준호 감독도 탄생할 수 있다.

개미처럼 성실하게 일하는 사람이 존중받는 사회이면서도, 베짱이처럼 예술성과 상상력으로 세상을 풍요롭게 만드는 사람이 함께 존중받을 때 사회는 더 건강해진다. 이것이 바로 다양성이며, 사회의 매력과 경쟁력의 조건이다.

경기도를 상상력과 다양성, 예술적 향취가 살아 숨 쉬는 세계적인 문화·엔터테인먼트 지역으로 성장시키고자 하는 이유가 여기에 있다.

많이 달라졌다고는 하나, 우리 사회는 여전히 경직된 측면이 있다. 문화적 상상력보다 익숙하고 평균적인 것에 안주하려는 경향이 강하고, '모난 돌이 정 맞는다'는 말처럼 다름과 새로움을 쉽게 받아들이지 못한다.

그런데 새로운 문화와 역사는 낯설고 익숙하지 않은 것에서부터 시작되었다. 고전주의의 시선에서 보면 르네상스는 형식과 균형을 파괴한 낯선 그림이었고, 입체파 역시 당시에는 기괴한 충격으로 받아들여졌다. 그리고 그러한 시도들이 오늘날 인류 문화사의 전환점이 되었다.

경기도를 재미있는 도시로 만들기 위해서도 이러한 다름과 낯섦을 수용하는 태도가 필요하다고 생각한다.

근본적인 질문으로 돌아가 보려고 한다. 매력적인 지방정부, 재미있는 도시는 어떤 곳일까? 고민이 된다. 강이 보이는 멋있는 카페가 많으면 재미있는 도시일까? 세계적인 축제를 열면 재미있는 도시일까? 외국에서 관광객들이 많이 찾아오면 재미있는 도시일까?

무엇을 매력이라고 정의하느냐에 따라 정책의 방향과 자원 배분이 달라지기 때문에, '매력적인 도시'에 대한 정의는 매우 중요하다.

그리고 고민이 깊어질수록 하나의 기준으로 재미와 매력을 규정하는 것은 바람직하지 않다는 결론에 이르렀다. 사람마다 추구하는 삶의 방식과 즐거움이 다르기 때문이다.

어떤 사람은 도서관에서 하루 종일 책을 읽는 데서 즐거움을 느끼고, 어떤 사람은 영화관에서 고전 영화에 빠지는 시간을 좋아하기도 한다.

또 어떤 사람은 유행하는 맛집을 찾아다니며 SNS에 기록하는 것을 삶의 낙으로 삼고 있다. 그렇기 때문에 특정한 재미와 문화를 정해 강요하기보다는, 도민의 일상 속에서 자연스럽게 생성된 다양한 즐거움이 잘 유지되고 확장되도록 돕는 것이 우선되어야 한다는 생각이 든다.

실제로 경기도 곳곳에서는 지역 공동체와 주민, 기업, 지방정부가 각자의 방식으로 다양한 문화와 오락을 만들어가고 있다. 역사와 전통을 바탕으로 한 공동체 활동, 동시대를 살아가는 주민들의 공감에서 출발한 문화, 기업의 사회적 책임과 결합된 문화 사업, 지역 특성을 반영한 지자체의 시도들이 새로운 문화로 확산되고 있다.

또한 새로운 기술과 혁신을 바탕으로 한 스타트업들이 시장 진출을 준비하고 있다. 28년 전 국가부도의 위기 속에서도 벤처기업이 우리나라 재도약의 발판이 되었듯이, 인공지능AI 시대를 슬기롭게 준비한다면, 경기도는 물론 우리나라 전체가 다시 한 번 도약할 수 있을 것이다.

이 과정에서 정부와 경기도의 역할은 분명하다. 대전환의 시대를 내다보고, 다양성을 존중하며, 창의적 시도가 자라날 수 있도록 행정적·재정적 지원과 홍보를 아끼지 않는 것이다.

또한 최소한의 간섭으로 최대한의 자율성을 보장하는 지혜가 필요하다. 이것이 경기도가 선택해야 할 문화정책의 방향이며, 미래를 여는 핵심 조건일 것이다.

K-팝이 증명한 성공의 조건

방탄소년단BTS RM은 아시아태평양경제협력체APEC 무대에서 K팝의 성공을 비빔밥에 비유했다. 아주 영리한 대유법이었다고 생각한다.

쌀과 채소, 고기, 양념이 한 그릇에 어우러지듯, K-팝은 힙합·R&B·EDM 등 서구 음악 요소를 배척하지 않고 수용하면서도 한국 고유의 미학과 정서, 제작 시스템을 융합해 만들어진 결과물이라고 설명한 것이다. 문화가 지닌 포용성과 다양성의 힘을 정확히 짚어낸 표현이라고 생각한다.

또한 RM은 K-팝이 단순한 음악 장르가 아니라 음악과 춤, 퍼포먼스, 비주얼 스타일, 뮤직비디오, 스토리텔링, 소셜 미디어까지 아우르는 '360도 토털 패키지'라고 말했다. 종합 예술로서 K-팝이 지닌 완성도를 설득력 있게 보여준 대목이었다.

연설의 백미는 K-팝의 성공 요인을 짚은 부분이었다. K-팝이 세계로 확장될 수 있었던 이유는, 특정 문화의 우월성 때문이 아니라, 팬덤ARMY의 자발적인 연대와 다양한 정체성이 공존하는 문화적 생태계 덕분이라는 설명이었다.

한국 고유의 정체성을 지키면서도 세계의 문화를 폭넓게 수용했고, 그 결과 문화의 경계가 허물어지며 다양한 목소리가 조화를 이룰 때 창조적 에너지가 폭발한다는 통찰이 담겨 있는 연설이었다.

이 대목에서 우리가 주목해야 할 것은 우연한 성공 그 자체가 아니라, 그 성공이 만들어진 방식이다. K-팝의 성취는 특정 개인이나 집단의 재능만으로 이뤄진 것이 아니라, 포용과 다양성, 자율과 연대가 결합된 하나의 '성공 공식'이 축적된 결과인 것이다.

이제 중요한 과제는 이러한 성공의 경험을 감각이나 신화로 남겨두는 것이 아니라, 구조와 정책으로 모델화하는 일이다.

이제 성공의 조건을 분석하고, 각 지역과 분야의 특성에 맞게 맞춤형으로 지원하며, 창작자와 산업이 스스로 성장할 수 있도록 토대를 마련해야 할 것이다.

중요한 것은 획일적인 기준을 강요하는 지원이 결코 아니다. 서로 다른 재능과 다양한 시도가 함께 살아날 수 있도록 돕는, 섬세한 지원이 필요하다. 이렇게 쌓인 성공의 경험은 다음 도전을 가능하게 하는 자산이 되고, 하나의 산업을 넘어 사회 전체의 역량으로 확장될 것이다.

이 과정이 반복될 때, 개별적인 성공은 일회성 성과에 그치지 않고 우리의 문화와 산업, 그리고 역사로 남게 될 것이다. 이것이 우리가 지금, 이 순간에 준비해야 할 미래이다.

일하며
세 자녀를 키운 엄마입니다

돌봄이 필요한 경기도
인공지능AI 행정 혁신과 돌봄 확대

엄마라는 말에는 언제나 여러 감정이 겹쳐진다. 애틋함과 먹먹함, 그리고 끝내 다 전하지 못한 남모르는 미안함이 스며 있다.

많은 사람이 엄마를 떠올릴 때면 그리움에 관해 말하곤 하지만, 그 감정의 무게와 모양과 빛깔은 사람마다 다를 수밖에 없다.

그런데 '일하는 엄마'로서 그 이야기를 들을 때마다, 엄마가 챙겨주지 않아도 잘 자라준 아이들에게 대한 미안함이 나를 먹먹하게 만든다.

법원에서, 또 국회의사당에서 치열하게 살아왔다고 스스로를 다독여보지만, 그 시간 동안 엄마의 빈자리를 묵묵히 견뎌야 했던 아이들의 마음은 어땠을지, 문득문득 생각이 멈추곤 한다.

학교 앞에서 친구가 엄마 손을 잡고 돌아가는 모습을 부러워하지 않았는지, 불 꺼진 집 현관문을 열며 잠시 숨을 고르지는 않았는지, 연휴마다 부모의 손을 잡고 떠나는 친구들을 보며 말없이 마음을 접지는 않았는지, 그 질문들이 뒤늦게 찾아와 오래도록 떠나지 않고 내게 머문다.

이처럼 일하며 아이를 키워야 하는 많은 엄마와 자녀들이 공유하는 결핍이 내게도 있다. 시간이 흘렀는데도 그 결핍의 감정은 사라지지 않고 마음 깊숙이 남아 있다가 불현듯 떠오르곤 한다. 그때마다, 개인의 노력만으로는 채울 수 없는 무엇인가를 골똘히 생각하게 된다.

우리 사회에는 좀 더 단단한 사회안전망이 필요하다. 그리고 돌봄이 우연이나 희생에 기대지 않아도 되도록 더 촘촘하게 시스템화 되어야 한다고 되뇌어본다.

맏며느리로서 시부모님을 제대로 모시지 못한 채, 다급할 때마다 도움을 부탁드려야 했던 순간들도 떠오른다. 감사함과 함께 늘 따라오던 죄송함, 그 마음의 빚을 다음 세대까지 물려주고 싶지 않다.

돌봄은 아이의 손을 잡아주는 일 뿐만이 아니라 어느새 연로한 부모님을 살피는 일로 이어졌고, 병든 가족 곁을 지키는 일로 확장되었다. 돌봄은 남의 이야기가 아니다. 삶을 살아가는 누군가에게 언제든 닥칠 수 있는 일이다.

삶의 굽이굽이마다 돌봄이 절실했던 순간들을 마음에 새기며, 그 기억을 잊지 않으려 한다. 말없이 힘겹게 버텨온 이들이 이제는 홀로 감당하지 않아도 되는 사회가 되기를 바라며 오늘의 다짐을 조심스럽게 기록으로 남긴다. 더 세심하게, 더 따뜻하게 돌봄에 관한 여러 문제를 잘 챙겨야겠다.

돌봄이 필요한
경기도

· · ·

코로나19 팬데믹을 지나며 공동체의 의미를 새롭게 돌아보게 되었다. 그리고 공동체란, 거창한 이념이나 정치적 언어가 아니라, 우리가 매일 함께 살아가는 삶의 방식 그 자체라는 사실을 몸으로 느꼈다. 다른 자리에서 각자 삶을 살고 있는 것처럼 보여도, 공동체 안에서 보이지 않는 고리로 서로 이어져 함께 숨 쉬며 살고 있었던 것이다.

출퇴근길에 스쳐 지나가는 사람들, 같은 공간을 사용하는 이웃과 동료들까지, 우리는 알게 모르게 같은 시간을 공유하고 있다. 그러므로 아무리 자신의 건강을 지키기 위해 애쓴다 해도, 감염병 앞에서는, '나만 안전하면 된다'는 생각이 성립되지 않는다. 다함께 안전하지 않고서는 아무도 안전이 보장되지 않는다는 사실을 우리 모두 체감할 수밖에 없었다.

이 과정에서 우리 사회는 다양한 삶의 조건을 되돌아보게 되었다. 일터와 주거, 가정의 형태가 다른 이들이 각자 자신의 자리에서 살아가고 있으며, 그 누구도 공동체 바깥에 있지 않다는 점이다. 감염병 앞에서는 삶의 조건이 다르다는 이유로 보호의 순서가 달라질 수 없다는 것도 함께 확인했다.

사람 사이의 관계는 마음에 들지 않으면 거리를 둘 수도 있고, 불편하면 피할 수도 있다. 하지만 사회는 그렇게 단절된 선택만으로는 유지가 되지 않는다. 서로 돌보며 연결되어 있을 때 공동체는 비로소 단단해진다. 이처럼 팬데믹은 개인의 삶과 공동체의 안전이 결코 분리될 수 없다는 사실을 일깨워주었다.

이 경험을 통해 우리는 공동체란 누군가를 희생시키는 구조가 아니라, 서로의 삶을 지켜주는 울타리여야 한다는 것을 깨닫게 되었다.

"경기도에는 어린아이를 키우는 젊은 부부들이 많이 살아요. 아이를 위한 각종 시설이 많아서 편리하지만 반면에 아이들이 한밤중에 아플 때 갈만한 응급실이 없어요. 애 낳으라고 홍보만 하지 말고 애를 안심하고 키울 수 있는 환경부터 만들어야 하는 것 아닌가요?"

"물가도 오르고, 학원비도 오르고. 요즘 같은 세상에 맞벌이하지 않으면 살기 어려워요. 맞벌이하다 보면 아이들 돌보는 게 가장 큰 걱정인데, 출퇴근 할 때 아이들을 유치원에 등·하원시키는 게 큰 골칫거리죠. 초등학교 저학년 때까지만이라도 이런 걱정 없이 출퇴근 할 수 있는 방법이 없을까요?"

"아이를 키우다 보니, 생각지도 못한 돈이 많이 들더라고요. 기왕이면 분유도 조금 더 좋은 것 먹이고 싶고, 기저귀도 짓무르지 않는 걸로 해주고 싶고. 특히 성장에 맞춰 필요한 장난감도 많은데, 그 비용도 만만치 않더라고요. 장난감 도서관에 가서 빌리려고 해도. 빌릴만한 게 없어요. 수요 조사를 제대로 해서 충분히 구비해 놓으면 좋은데, 예산이 없는 건가요? 아니면 의지가 없는 건가요?"

"경기도 명물 중 하나가 닥터헬기이잖아요. 6년 동안 1804명을 살렸다는 기사가 있던데, 앰뷸런스도 닥터헬기처럼 이동하면서 긴급환자를 치료할 수 있게 시설과 기능을 보강하면 좋지 않을까요?"

"복지정책을 얘기할 때 사회안전망 얘기는 많이 하는데, 반려동물에 관한 이야기는 없는 것 같아요. 반려동물은 가족과도 같은 존재인데, 동물안전망 같은 정책이 마련되어야 하지 않을까요?"

"1인 가구가 늘어나면서 고독사도 점점 늘어나고 있다는 뉴스를 보았습니다. 초고령화사회가 되면서 혼자 사시는 어르신이 많아졌는데, 동네에서 고독사가 발생하면 흉흉한 소문이 돌고 동네 분위기 안 좋아지잖아요. 독거 어르신들을 촘촘하게 관리해서 고독사를 줄일 방법은 없을까요?"

"몇 해 전에 경기도로 이사 왔는데, 신도시여서 그런지 어린이들이 참 많아요. 등교시간에 보면 초등학생들이 줄지어 가는데, 문제는 지역에 어린이 전문병원이 없다는 거예요. 일반 진료를 받을 수 있는 소아과가 전부인데, 아동과 청소년을 위한 전문병원을 공공병원으로 만들 수는 없나요?”

“경기도에 가임기 여성들이 진짜 많습니다. 이분들에게 애 낳으라는 소리만 반복하지 말고, 유방암, 자궁암, 난소암 등 부인병 예방을 위한 검사를 무료로 해주면 좋지 않을까요?”

“정부에서 저출산 문제를 국가 주요 과제로 여기고 있고, 저출산 대책으로 수조 원의 예산을 썼다는데, 도대체 어디에 쓴 건지 모르겠어요. 그 예산이면 차라리 공공산후조리원 같은 것을 만들어 지원해주는 게 더 현실적이지 않을까요?”

“복지는 현장에 있는 담당 공무원이 얼마나 진심으로 하느냐에 따라 성과가 달라지는 것 같아요. 중앙정부에서 똑같이 방향 정하고 예산을 지원해도 각 지자체마다 결과가 다르잖아요. 현장의 복지 담당자들이 조금 더 열정을 갖고 헌신할 수 있도록 제도를 개선하고 이분들에게 합당한 보상을 하는 게 필요하다고 생각해요. 피부에 닿지 않는 행정 혁신 말고, 이런 방향의 혁신 방안이 없을까요?”

아이 돌봄

이른 아침, 어린이집과 유치원으로, 또 초등학교로 향하며 길게 줄지어 걷는 아이들의 모습을 본다. 환하게 웃으며 하루를 시작하는 아이들의 얼굴을 보고 있으면, 그 자체로 마음이 밝아지고 하루가 따뜻해진다.

하지만 그 곁에서 아이의 손을 놓고 발걸음을 재촉하는 젊은 엄마·아빠들의 뒷모습을 바라볼 때면, 마음이 애틋하다. 맞벌이 부부의 경우, 어린이집과 유치원 등원 시간에 맞추면 출근이 늦어지고, 출근 시간에 맞추자니 아이를 서둘러 보내야 해 미안한 마음이 크다고 한다. 하루를 시작하는 순간부터 마음 한 켠에 부담과 죄책감을 안고 출근하는 현실이 얼마나 무거울지 짐작이 간다.

신도시 조성과 함께 젊은 부부와 아이들이 크게 늘어난 경기도를 어떻게 하면 '돌봄·육아에 강한 도시'로 만들 수 있을지 고민해보았다. 여러 전문가들과 논의를 거듭했지만, 일자리와 보건·의료, 돌봄과 교육, 재정과 사회서비스, 사회적 인식까지 복합적으로 맞물려 있어 단순한 해법을 찾기가 쉽지 않다.

다만 분명해진 점이 있다. 중앙정부와 긴밀히 협력해 출산·돌봄 정책의 사각지대를 보완하고, 현장에서 실제로 체감할 수 있는 돌봄 체계를 경기도 여건에 맞게 촘촘히 구축해 나가는 것이다. 이러한 보완과 연계가 실질적인 변화를 만드는 가장 현실적이고 효과적인 길이라는 데 의견이 모아졌다.

이 과정에서 유아교육 전문가가 소개한 일본의 사례는 경기도가 참고해볼 만한 중요한 시사점을 던져주었다.

"인구의 40%가 도쿄로 출퇴근하는 일본 치바현 나가레야마 시市에는 출퇴근 시간에 쫓기는 부모들을 위해 아이들의 등·하원을 돕는 특별한 시스템이 있습니다. 부모들이 출근 시간에 아이들을 지하철역 인근 '등하원 보육스테이션'에 데려다 놓으면, 104개에 달하는 시 전체의 유치원으로 아이들을 바래다주고 데리고 오는 서비스를 제공합니다. 이 서비스 이용료는 하루 100엔에 불과하며, 지역에 있는 사회적기업이 맡아서 운영합니다."

서울로 출퇴근하는 맞벌이 부부가 많은 경기도에서도 이와 유사한 서비스를 도입해보면 어떨까? 경기도에서 인증한 사회적기업에 '등하원 서비스' 운영을 맡기고, 도에서는 운영에 필요한 지원을 한다면, 등원과 하원으로 걱정하는 맞벌이 부부의 고민을 덜어주고, 사회적 일자리도 마련하고, 아이들의 안전까지 지킬 수 있는 1석 3조의 효과가 나오지 않을까 싶다.

1인 가구

'나 혼자 산다'와 같은 프로그램이 큰 인기를 얻을 만큼, 우리 사회에서 1인 가구는 더 이상 예외적인 존재가 아니다.

2000년 전체 가구의 15.5%에 불과하던 1인 가구 비율은 2024년 36.1%까지 증가했다. 부모로부터 독립한 청년 세대, 자녀를 출가시킨 뒤 홀로 남은 어르신, 배우자와 사별하거나 이혼 후 혼자 생

　　　　　4부 일하며 세 자녀를 키운 엄마입니다

활하는 가구 등 1인 가구가 늘어난 배경도 매우 다양하다.

국가통계포털KOSIS에 따르면 2024년 12월 31일 기준 우리나라의 1인 가구는 약 804만 가구로, 전체 가구의 36.1%를 차지하고 있다. 반면, 한때 표준으로 여겨졌던 4인 가구는 약 393만 가구로 급격히 감소했다.

이는 그동안 4인 가구를 전제로 설계되어 온 주택 정책과 인구 정책 전반에 근본적인 재검토가 필요하다는 신호이기도 하다.

특히 주목해야 할 점은 1인 가구 가운데 60대 이상 어르신이 차지하는 비율이 약 39%에 이른다는 사실이다. 396만 명이 넘는 어르신이 혼자 생활하고 있다는 의미이며, 그만큼 일상 속 위험에 노출될 가능성도 커지고 있다. 이분들이 안전하게 생활할 수 있도록 세심한 행정적 관심과 돌봄 체계가 필요하다.

한때 사회적 문제로 크게 주목받았던 고독사 역시 과거의 일이 아니라 현재 진행형이다. 경찰청 자료에 따르면 2024년 고독사로 사망한 사람은 3,924명으로, 전년 대비 7.2% 증가했다. 지역별로는 경기도가 894명으로 가장 많았고, 서울과 부산이 뒤를 이었다.

일부 지자체에서는 전기, 가스, 수도 사용량이나 TV 시청 여부 등 일상적인 생활 반응을 통해 1인 가구의 이상 징후를 살펴 고독사를 예방한 사례도 있다. 그러나 이러한 방식은 대부분 사후 확인에 머물러 있어, 즉각적인 대응에는 한계가 있다는 지적이 나온다.

이 지점에서 인공지능AI 기술이 하나의 가능성으로 거론되고 있다. AI와 빅데이터를 활용해 1인 가구의 생활 반응을 실시간에 가깝게 파악할 수 있다면, 위기 상황에 보다 빠르고 정교하게 대응할 수 있을 것이다. 실제로 일부 지자체에서는 스마트 센서나 IoT 기기를 활용해 1인 가구의 안전을 살피는 시도를 이어가고 있다.

다만 기술 활용은 언제나 신중해야 한다. 개인정보와 사생활을 침해하지 않는 범위 내에서, 생명과 안전을 지키는 공익적 목적을 어떻게 조화시킬 것인지 충분한 사회적 논의와 제도적 보완이 필요하다.

특히 스스로 신청하기 어려운 고령자나 장애인을 어떻게 보호할 것인지에 대해서도 법과 제도의 세심한 검토가 뒤따라야 할 것이다.

1인 가구의 증가는 개인의 선택이자 사회 구조 변화의 결과다. 이제 이 변화에 맞는 새로운 안전망을 어떻게 설계하고 준비할 것인지 사회 전체가 고민해야 할 것이다.

출산과 육아

정부는 우리 사회의 가장 큰 과제로 저출생 문제를 지목하며, 2025년도 저출산 대응 직접 사업에만 28조 6천억 원의 예산을 편성했다. 그러나 이처럼 막대한 재정이 투입되고 있음에도 불구하고, 현장에서 여성과 부모들이 체감하는 정책의 실효성은 여전히 높지 않다는 지적이 이어지고 있다.

가임 여성은 국가나 공동체 유지를 위한 수단이 아니다. 그럼에도 불구하고 저출생의 원인을 개인의 가치관이나 태도 문제로 단순화해 여성에게 책임을 전가하는 시선은 문제 해결에 아무런 도움이 되지 않는다. 저출생 문제는 개인의 선택이 아니라, 사회가 어떤 환경을 제공해왔는지에 대한 질문에서 출발해야 한다.

저출생에 대응하기 위해서는 무엇보다 출산과 육아가 부담이 되지 않는 환경을 먼저 만들어야 한다. 경제적 이유로 출산을 포기하지 않아도 되는 조건을 마련하고, 이른바 '여성 독박 육아'로 이어지는 구조적 부담을 완화하는 제도 개선이 필요하다.

나아가 출산과 육아 과정에서 겪게 되는 신체 변화와 건강 문제까지 세심하게 살피는 돌봄 체계가 함께 뒷받침되어야 할 것이다.

이를 위해 남성이 눈치 보지 않고 육아휴직을 사용할 수 있는 사회적·제도적 환경을 조성하고, 공공산후조리원 확충과 같은 실질적인 지원도 검토할 필요가 있다. 출산 이후 여성의 건강을 지속적으로 관리하기 위해 유방암, 자궁암, 난소암 등 주요 여성 질환에 대한 접근성 높은 정기 검진 체계 역시 중요하다.

또 하나 간과할 수 없는 문제는 아이가 아프거나 다쳤을 때 즉각적으로 찾을 수 있는 의료 인프라이다. 일부 지역에서는 저출생과 인구 감소로 소아과가 줄어든다고 하지만, 경기도 신도시는 이와는 상황이 다르다. 신도시 조성과 함께 젊은 부부와 성장기 아이들이 지속적으로 늘어나고 있는 만큼, 소아 응급 의료 수요 역시 꾸준히 발생하고 있다.

경기도에는 전국에서 가장 많은 소아 야간·휴일 진료기관이 있지만, 밤과 휴일에도 안심하고 이용할 수 있는 어린이 전문 응급의료기관은 여전히 부족한 실정이다. 심지어 대학병원들이 소아 응급 진료를 기피하는 구조 속에서 이른바 '소아과 오픈런' 현상까지 나타나고 있는 것이 현실이다.

분당차병원, 아주대학교병원, 건강보험공단 일산병원 등 일부 의료기관에서 중증 소아 응급환자를 24시간 진료하고 있지만, 경기도의 넓은 면적과 어린이 인구 규모를 고려하면 충분하기 않다.

실제로 남양주 등 일부 지역에서는 아이가 다쳤을 경우 분당이나 수원, 일산까지 이동해야 하는 상황이 발생하고 있다. 이는 응급환자가 제때 치료를 받기 어려운 구조적 한계를 보여주는 사례이다.

저출생 문제를 해결한다는 것은 아이를 낳고 키우는 전 과정에서 부모와 아이가 안심할 수 있는 사회를 만드는 일이다. 돌봄과 의료, 노동과 복지가 서로 단절되지 않고 유기적으로 연결되어야 하는 이유도 여기에 있다.

아울러 저출생 문제는 전국 어디에서나 동일한 방식으로 해결할 수 있는 과제가 아니다. 정책 효과를 실제로 만들어내기 위해서는 인구가 밀집되어 있고, 젊은 세대의 생활 기반이 형성된 지역에 전략적으로 집중할 필요가 있다.

이미 인구 감소가 구조적으로 고착화된 지역에서는, 아무리 많은 재정을 투입하더라도 출산율 제고 효과가 제한적일 수밖에 없다. 이는 특정 지역의 문제가 아니라 인구 구조 변화에서 비롯된 현실적인 한계이다.

반대로 수도권과 같은 인구 밀집 지역은 일자리와 주거, 돌봄 환경이 함께 개선될 경우 정책 효과가 실제 출산과 양육으로 이어질 가능성이 높다. 저출생 대응의 성패는 의지를 선언하는 데 있는 것이 아니라, 변화가 실제로 작동할 수 있는 여건을 갖춘 지역에서 먼저 성과를 만들어내는 데 달려 있다.

우리나라 전체의 지속 가능성을 생각한다면, 인구가 모여 있는 지역에서 출산과 육아의 부담을 실질적으로 줄이고 성공 사례를 축적하는 것이 필요하다.

그 성과를 토대로 정책을 확산해 나가는 전략이야말로, 저출생이라는 국가적 위기를 극복하기 위한 가장 현실적이고 책임 있는 접근일 것이다.

응급의료

좀처럼 끊이지 않는 '응급실 뺑뺑이' 문제는 국민의 불안을 키우며 생명과 안전을 위협하고 있다. 도로 위에서 구급차가 지나갈 때 시민들이 길을 터주는, 이른바 '모세의 기적'을 종종 보게 되지만 병원에 도착하고도 응급실에서 치료받지 못한 채 다른 병원을 전전하는 상황이 반복되고 있다.

최근 부산에서는 응급실을 찾지 못한 고등학생이 숨지는 안타까운 사고가 발생했다. 학교에서 발작 증세를 보이며 쓰러진 학생은 구급차 안에서 1시간 넘게 대기하다 사망했다고 한다. 이송을 요청한 병원들은 '소아·청소년 중환자 진료 불가', '소아·청소년 신경과 진료 불가'를 이유로 환자를 받지 않았다. 무려 14차례나 거절당한 끝에 벌어진 비극이었다.

2023년 이른바 '응급실 뺑뺑이 방지법'을 만들고 응급의료추진단을 출범시킨다고 떠들썩했다. 최근에도 관련 법률 개정안이 발의되었지만, 응급실 뺑뺑이 문제는 아직까지도 해소되지 않고 있다.

의료 현장에서는 의료 인력 부족과 응급의료체계의 구조적 한계를 근본 원인으로 지적한다. 타당한 문제 제기라고 생각한다. 구조 개선은 반드시 필요한 일이다.

그러나 제도 개편과 사회적 합의가 완성될 때까지 손 놓고 기다릴 수만은 없다. 응급환자는 오늘도, 지금 이 순간에도 발생하고 있기 때문이다.

응급의료에는 무엇보다 '골든타임'이 중요하다. 경기도는 국가 차원의 개혁 논의와는 별도로, 도 차원에서 당장 현장에서 할 수 있는 대안을 모색해야 한다.

그 하나의 대안으로 '달리는 중환자실'이라 불리는 중증환자전담구급차의 확대를 검토할 수 있다. 이 구급차는 의사를 포함한 응급의료 인력이 탑승하고, 중환자실에 준하는 의료 장비를 갖춘 이동형 응급의료 공간이다.

차량 내부에서 기도 삽관, 제세동 등 고난도 처치가 가능해 중증 환자의 상태를 이동 중에도 안정적으로 관리할 수 있다.

현재 우리나라에는 중증환자전담구급차가 제한적으로 운영되고 있으며, 하루 평균 3명 남짓의 중증환자를 이송하며 골든타임을 지키는 역할을 한다.

연간 운영비는 약 10억 원 수준으로, 1회 출동에 약 2천만 원이 소요되는 닥터헬기와 비교할 때 비용 대비 효율성 측면에서도 의미 있는 보완 수단이 될 수 있다. 닥터헬기와 중증환자전담구급차는 서로를 대체하는 수단이 아니라, 상황에 따라 상호 보완적으로 작동할 수 있는 체계이다.

이재명 경기도지사 시절 도입된 '하늘을 나는 응급실' 닥터헬기가 중증응급환자의 생명을 지키는 데 중요한 역할을 해왔듯이 '달리는 응급실'인 중증환자전담구급차 역시 국민의 생명을 지키는 또 하나의 현실적인 대안이 될 수 있다.

앞으로 경기도는 이러한 응급이송 체계를 지속적으로 강화하고 전문 의료 인력과 응급구조사 확충을 함께 마련해야 할 것이다.

아울러 취약계층의 응급실 이용 문턱을 낮추는 일도 중요하다. 치료비 부담으로 응급실 이용을 망설이다가 병을 키우는 악순환이 반복되지 않도록, 응급 치료 지원과 함께 상담·복지 서비스 연계를 강화하는 원스톱 지원 체계에 대한 검토도 필요하다고 생각한다.

응급의료체계는 단순한 의료 서비스가 아니라, 사회가 생명을 대하는 태도를 보여주는 최후의 안전망이다. 제도 개혁을 기다리는 동안에도, 경기도는 현장에서 할 수 있는 일부터 하나씩 찾아내며 국민의 생명을 지키는 책임을 다해야 한다.

자영업자

경기도에는 약 133만 명의 자영업자가 지역 곳곳에서 생업을 이어가고 있다. 이분들은 삶의 현장에서 우리나라 경제를 떠받치는 중요한 축이다.

그러나 코로나19 이후 장기간 지속된 내수 부진에 더해 고금리·고물가, 온라인 소비 확산이라는 구조적 변화가 겹치면서 자영업은 심각한 위기에 처하게 되었다. 많은 자영업자가 이전에는 경험해보지 못한 민생경제의 어려움 속에서 폐업의 기로에 서 있다.

이러한 상황에서 자영업이 연착륙할 수 있도록 구조적 대응과 출구 전략을 마련하는 일이 시급하다. 동시에 당장의 위기를 버틸 수 있도록 하는 긴급한 처방 역시 함께 고민해야 한다.

최근 경인지방통계청이 발표한 '2025년 10월 경기도 고용동향'에 따르면, 지위별 취업자 가운데 자영업자는 전년 같은 기간보다 11만 4천 명, 약 7.8% 감소한 것으로 나타났다. 이는 단순한 업종 조정이 아니라, 자영업 전반이 위축 국면에 들어섰음을 보여주는 신호로 읽힌다.

자영업자의 위기는 곧 공동체의 위기로 이어질 가능성이 크다. 공동체의 안전과 회복력을 지키는 가장 확실한 방법 중 하나는 사회적 안전망을 튼튼히 하는 것이다.

자영업자는 사적 이익을 추구하는 경제 주체이면서도, 동시에 지역사회에서 공적인 역할을 수행하고 있다. 지역경제의 핵심 동력으로 부가가치를 창출하고, 주민들의 삶과 가장 가까운 곳에서 다양한 재화와 서비스를 공급하고 있다. 어르신과 청년, 주부 등에게 일자리를 제공하며 지역경제의 순환을 떠받치는 역할도 한다.

나아가 자영업자는 지역 커뮤니티의 중심이 되어 사람과 사람을 잇고, 지역의 전통과 문화를 유지·발전시키는 데에도 기여한다. 늦은 밤까지 켜진 가게의 불빛은 동네의 등대처럼 작동하며, 안전한 귀갓길을 돕는 보이지 않는 사회적 기능을 수행하기도 한다. 이런 의미에서 자영업자는 지역사회의 중요한 사회적 안전망이라고 할 수 있다.

그럼에도 불구하고 현재 시행되고 있는 자영업자 보호 제도만으로는 이러한 위기를 충분히 완화하기 어렵다는 평가가 많다. 보다 직접적이고 체감도 높은 지원 방안을 검토할 필요가 있다.

예를 들어, 매출이 급격히 감소해 생계에 어려움을 겪는 자영업자를 대상으로 일정한 심사를 거쳐 기본적인 복지 포인트를 제공하는 방식도 하나의 검토 대상이 될 수 있다. 생필품 구입 등 최소한의 생활을 유지할 수 있도록 돕는 것이다. 지역사회 내에서 사용할 수 있는 형태로 설계한다면 지역경제 활성화에도 도움이 될 수 있을 것이다.

만약 경기도 내 모든 자영업자에게 일괄 지급하는 방식이 재정적으로 부담이 크다면, 우선 지원 대상을 선별하는 방안도 고민해 볼 수 있다.

전년 대비 매출이 일정 비율 이상 감소한 자영업자를 먼저 대상으로 삼고, 이후 단계적으로 범위를 확대하는 방식이다. 국가직 공무원에게 지급되는 복지포인트와 유사한 구조를 참고해, 지역 여건에 맞는 수준과 방식으로 설계하는 방안 역시 검토해 볼 만하다.

자영업자를 보호하는 일은 특정 계층을 돕는 정책을 넘어, 지역경제와 공동체의 기반을 지키는 일이다. 자영업자가 버틸 수 있어야 지역이 살아나고, 지역이 살아야 공동체도 지속될 수 있다. 지금 필요한 것은 위기의 신호를 외면하지 않고, 현실에 맞는 해법을 차분히 모색하는 일이다.

반려동물 가족

'또 하나의 가족 삼○전자'라는 광고가 유행하며 수많은 패러디를 낳은 적이 있다. 그리고 오늘날 사람들이 떠올리는 '또 하나의 가족'은 다름 아닌 반려동물이다.

반려동물은 '인간의 동반자로서 살아가는 동물'을 의미하는 말로 어느새 '좋아하여 가까이 두고 귀여워하며 기르는 동물'이라는 의미의 애완동물이라는 단어보다 익숙해졌다. 단순한 소유의 대상이 아니라, 정서적 교감과 책임을 함께 나누는 가족 구성원으로 인식되고 있는 것이다.

이제 우리는 '반려동물 1천만 시대'를 넘어, 반려동물을 기르는 인구가 약 1천5백만 명에 이르는 사회에 살고 있다. 반려동물을 가족처럼 여기는 사람들이 늘어나면서, 이들을 일컬어 '펫팸Pet-Fam 족'이라고 부르기도 한다.

"서울에 올라와 혼자 사는데 집에 돌아가면 유일하게 저를 반기는 존재가 함께 사는 고양이에요. 얼마 전 같이 살던 여동생이 결혼해 나가고 혼자 너무 외롭고 쓸쓸했는데, 이 아이마저 없었으면 어떻게 견뎠을까 싶습니다.”

이 분의 얘기처럼 반려동물은 가족 구성원의 일부가 되었다. 2024년 기준으로 국내 반려동물 양육 가구 비율이 28.6%에 이른다고 하니, 반려동물에 대한 체계적인 정책 개선이 필요하다는 생각이 든다.

22대 국회에서는 더불어민주당 의원들을 중심으로 ‘동물보호법’을 ‘동물복지법’으로 개편하고, 동물 생산·판매업자의 보호소 운영을 제한하는 내용을 담은 법률안이 발의되는 등 제도 개선 논의도 이어지고 있다.

다만 법·제도와 사회적 인식, 실제 생활 현장 사이에는 여전히 간극이 존재한다. 이 간극이 여러 현실적 문제를 더욱 복합적으로 드러내고 있는 것이다.

대표적인 사례가 동물병원 진료비 부담이다. 반려동물 의료는 대부분 비급여 체계로 운영되다 보니, 보호자 간 비용 부담의 편차가 크고 치료 선택에 어려움을 겪는 경우도 적지 않다. 이는 보호자의 책임 의지와 무관하게, 반려동물의 건강관리가 개인의 경제 여건에 과도하게 좌우되는 구조를 낳고 있다.

유기동물 문제 역시 단일한 원인으로 설명하기 어렵다. 충동적인 분양, 갑작스런 사육 여건의 변화 등 여러 요인이 복합적으로 작용한 결과이기 때문이다. 보호시설 확충이나 입양 장려만으로는 한계가 있으며, 전반적인 과정이 유기적으로 관리되는 정책적 접근이 필요하다.

　아울러 반려동물이 안전하고 존중받는 환경에서 살아갈 수 있도록 하는 동물복지 정책도 중요하다. 적정 사육 기준, 이동과 운송 과정의 안전, 고령 반려동물과 질병을 가진 동물에 대한 돌봄 지원 등은 이제 선택이 아니라 필수적인 정책 영역이 되었다.

　이제 반려동물 정책은 단순한 보호나 관리의 문제가 아니라, 삶의 방식과 공동체의 성숙도를 가늠하는 기준이 되고 있다. 비싼 병원비 문제, 유기동물 관리, 동물복지와 학대 예방까지 이어지는 과제들을 개별적으로 접근하기보다, 사람과 동물이 함께 살아가는 현실을 기준으로 종합적이고 지속 가능한 정책으로 발전시켜 나가야 할 시점이다.

인공지능AI 행정 혁신과 돌봄 확대

・ ・ ・

인공지능AI은 행정 업무를 빠르게 처리하는 도구를 넘어, 돌봄이 필요한 순간을 더 일찍 발견하고 사람과 현장을 연결하는 역할까지 수행할 수 있다. 인공지능AI를 활용해 어떻게 이런 문제를 해결할 수 있는지, 또 행정에 어떤 방식으로 적용할 수 있는지 고민하며 경기도 화성시 AI 콘퍼런스무역센터를 직접 찾아가 물어보았다.

"예를 들어 혼자 사는 어르신이나 돌봄 취약 가구의 경우, 일상생활은 비교적 일정한 패턴을 가집니다. 아침에 불을 켜고, 수돗물을 사용하고, TV를 켜는 등의 생활 반응이 갑자기 사라지거나 평소와 다르게 변화한다면 이는 위험 신호일 수 있습니다. AI는 이러한 생활 데이터를 실시간으로 분석해 이상 징후를 조기에 감지하고, 단순 확인 단계에서부터 비대면 상담, 필요 시 현장 출동으로 이어지는 단계적 대응을 가능하게 합니다."

화성시는 이러한 AI 기반 돌봄을 선도적으로 현장에 적용하고 있다. 대표적인 사례가 '효돌이'이다. 효돌이는 챗CHAT지피티GPT 기반의 대화 기능을 탑재한 인공지능 돌봄 로봇으로, 식사·복약 알림, 인지훈련, 정서 지원, 안전 모니터링 등 일상 밀착형 돌봄 기능을 수행한다.

육아 영역에서도 AI는 중요한 보조 수단이 될 수 있다. 아이의 수면 시간, 울음 빈도, 체온 변화, 움직임 패턴 등을 분석해 평소와 다른 이상 징후가 나타나면 보호자에게 즉시 알림을 제공할 수 있고, 어린이집·유치원 일정, 예방접종, 병원 진료, 성장 발달 기록 등을 통합 관리해 부모의 돌봄 부담을 줄이는 역할도 할 수 있다.

이러한 사례는 AI가 공공 돌봄과 행정의 핵심 수단으로 자리 잡을 수 있다는 것을 보여준다. 이제는 개별 사업의 성과를 넘어, 대상과 영역을 확장하며 체계적으로 확대해 나가는 단계로 나아가야 할 것이다.

시대가 변하고 기술이 발전하면서 행정의 모습도 달라질 수밖에 없다.

과거 행정은 법률에 근거해 국민의 권리와 의무에 직접 영향을 미치는 '권력적 작용'으로 이해되었다. 그러나 정보통신기술의 발전과 함께 행정에도 서비스 개념이 적극 도입되면서, 민원인을 대하는 태도와 방식 자체가 근본적으로 변화하기 시작했다.

이러한 변화의 출발점에는 김대중 정부의 정보통신IT 산업 육성

 4부 일하며 세 자녀를 키운 엄마입니다

정책과, 노무현 정부의 전자정부 정책이 있었다. 그 결과 민원처리 행정은 속도와 접근성, 편의성 면에서 획기적인 전환을 이뤄냈다.

이제 국민은 주소지와 관계없이 가까운 행정복지센터에서 주민 등록등본 등 각종 민원서류를 발급받을 수 있고, 업무 시간이 지나도 무인민원발급기나 인터넷·모바일을 통해 비대면으로 필요한 행정 서비스를 이용할 수 있게 되었다.

단순 서류 발급과 기본적인 민원 상담 업무는 이미 디지털 기술로 상당 부분 대체되고 있으며, 앞으로는 인공지능AI 기반 상담이 행정 전반으로 본격 확대될 가능성이 크다.

이제 중요한 과제는 이러한 기술을 행정 효율에만 머무르게 하지 않고, 돌봄과 복지 영역으로 확장하는 일이다.

스마트폰으로 민원서류를 발급받고 AI로 상담하는 시대에는, 기존의 일반 행정 인력을 복지·안전·긴급 대응과 같은 현장 중심 업무로 전환하는 제도적 고민도 필요하다. 비대면 행정이 확대될수록, 돌봄과 안전의 완성은 오히려 현장에서의 대면 서비스에 달려 있기 때문이다.

‘찾아가는 동주민센터’ 사례는 이러한 방향을 잘 보여준다. 복지 사각지대에 있는 주민을 공무원이 직접 찾아가 상담하고 지원하는 현장 밀착형 행정은, 앞으로 더욱 확대되어야 할 모델이다.

이제 다음 단계는 분명하다.

기술을 행정의 효율을 높이는데 그치지 않고, 사람을 살피는 행

정으로 연결해야 한다. 디지털 행정의 진화는 결국 돌봄과 복지를
더 촘촘하게 만들고, 안전을 일상 속에서 지켜내는 방향으로 완성
되어야 한다.

5부

안전과 안보, 일상을 책임지는 행정

안전은 과해도 모자라다
특별한 희생, 안보에 대한 보상

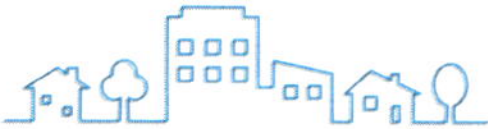

위험은 사회 구성원에게 균등하게 배분되지 않는다. 사회적 지위, 소득, 지식수준에 따라 피해가 다르게 나타난다. 과학과 기술은 위험 대응을 할 수 있게 하는 수단인 동시에 위험의 불확실성을 증폭시키는 요인이기도 하다.

그래서 지역 차원의 협소한 대응만으로 해결되지 않는 위험에 대한 체계적 대응과 관리가 요구되고 있다. 위험 사회부터 시민을 보호하고 인간 안보를 지키는 행정이야말로 행정의 기본이 되어야 할 것이다.

국회에서 행정안전위원회와 국방위원회 활동을 함께 하며, 국민의 안전과 국방·안보가 서로 다른 영역이 아니라 하나의 연속된 과제라는 점을 깊이 체감했다.

재난과 사고, 응급 대응과 생활 안전은 행정의 손길이 닿는 방식에 따라 결과가 달라지고, 안보 역시 군사 전략의 영역을 넘어 지역 주민의 일상과 직결된 문제이다.

특히 경기도는 인구와 산업, 주거가 집중된 지역이므로 재난·재해와 생활 안전의 위험이 공존하는 동시에, 접경지역을 품고 있어서 군사적 긴장과 훈련, 각종 안보 부담을 일상적으로 감내해 왔다.

안전과 안보 모두 경기도의 중요한 과제이다. 경기도가 이 두 축을 얼마나 성실하고 치밀하게 관리하느냐에 따라, 도민의 일상은 더 안정적이 될 수도, 불안해질 수도 있다.

안전은 과해도
모자라다

• • •

'안전은 부족한 것보다 과한 것이 낫다'는 철칙이 있다. 우리나라는 그동안 성수대교 붕괴부터 이태원 참사에 이르기까지, 안전 불감증이 낳은 사회적 비극을 반복해서 겪어왔다. 사고가 발생할 때마다 철저한 반성과 대책을 약속했지만, 시간이 지나면 경각심이 흐려졌고 비슷한 참사는 다시 이어졌다.

문재인 정부는 이러한 악순환을 끊기 위해 산업 현장에서의 중대 사고를 줄이겠다는 취지로 「중대재해처벌 등에 관한 법률」을 제정·시행했다. 그러나 산업계의 거센 반발과 이후 윤석열 정부의 일관성 없는 행정 대응 속에서 제도는 제대로 뿌리내리지 못했고, 결국 뼈아픈 후퇴를 경험해야 했다.

안전은 우리가 매일 오가는 거리와 건물, 생활공간의 아주 기본적인 점검에서부터 시작된다. 도로 위에 제대로 작동하지 않는 소화전은 없는지, 비가 오면 물이 빠지지 않는 배수구가 방치되어 있지는 않은지, 비상시에 열려야 할 비상계단과 안전문이 창고처럼 사용되고 있지는 않은지, 소화기와 화재 감지기가 제때 점검되고 있는지 일일이 다 점검해야 한다.

이처럼 작고 평범해 보이는 시설 하나하나가 실제 위기 상황에서는 삶과 죽음을 가르는 기준이 된다.

안전은 특별한 날에만 챙기는 행정이 아니라, 일상 속에서 반복되고 습관처럼 관리되어야 할 기본 서비스다. 경기도처럼 도시와 주거, 산업시설이 밀집된 지역일수록 이러한 생활 안전이 더욱 중요하다.

지방정부의 역할은 새로운 규제를 쌓는 데 있지 않다. 이미 존재하는 안전장치가 제대로 작동하도록 만들고, 현장의 위험 신호를 놓치지 않으며, 문제가 발견되면 즉시 고칠 수 있는 관리 역량을 갖추는 데 있다.

이런 관점에서, 시군별로 흩어져 있는 안전 점검 결과를 하나로 묶어 통합 관리하고, 위험도를 기준으로 보완의 우선순위를 정해 신속히 조치할 수 있는 체계가 필요하다. 예컨대 '경기도 생활안전 통합관리 시스템'과 같은 방식이 하나의 대안이 될 수 있을 것이다.

특별한 희생,
안보에 대한 보상

• • •

적국에서 쏘아 올린 미사일 한 발만으로도 한반도는 순식간에 전면적 위기에 놓일 수 있고, 수일 내 수십만 명의 인명 피해가 발생할 수 있다는 경고성 보고서도 존재한다. 그만큼 안보는 추상적인 개념이 아니라, 우리의 일상과 생명에 직결된 현실의 문제다.

지금까지 안보는 전통적으로 국가의 책무로 인식되어 왔다. 그러나 접경지역을 품고 있는 경기도의 경우, 다른 지방정부와는 달리 무거운 책임을 국가와 함께 감당하고 있는 것도 사실이다.

제22대 국회 전반기 국방위원회 위원으로 활동하며 군으로부터 직접 안보 상황을 보고받고, 접경지역 주민들이 일상적으로 감내하고 있는 불안과 불편한 상황에 관해 구체적으로 확인할 수 있었다.

대부분의 국민은 연평도 포격전과 같은 북한의 직접적인 도발 장면을 떠올리지만, 접경지역 주민들이 체감하는 안보의 현실은 조금 다르다. 군의 상시적인 훈련과 이동, 사격과 비행 훈련으로 인한 안전사고 위험, 소음과 진동, 재산 피해와 정신적 스트레스가 일상처럼 반복되고 있기 때문이다.

실제로 2025년 3월 6일, 한미연합훈련 중 공군 KF-16 전투기에서 오발 사고가 발생해 경기도 포천시 민가에 폭탄 8발이 떨어졌고, 이로 인해 민간인 15명의 인명 피해가 있었고, 주택과 교회 등 건물이 파손되었다. 이 밖에도 부대 이동 중에 장갑차 교통사고, 군용 장비 관련 안전사고 사례가 꾸준히 이어지고 있다.

이처럼 안보는 군사 영역에만 국한된 문제가 아니라, 주민의 생명과 재산, 환경과 정신 건강에까지 영향을 미치는 생활 안전의 문제이다.

특히 경기 북부 지역은 오랜 시간 우리나라 안보의 최전선으로서 역할을 감당해 왔다. 군사시설 집중, 개발 제한, 소음과 안전 위험을 감내하며 국가 안보를 떠받쳐 온 지역이기 때문이다.

이러한 현실을 누구보다 분명히 인식했던 분이 이재명 대통령이다. 이재명 대통령은 경기도지사 시절부터 "특별한 희생에는 특별한 보상이 필요하다"는 원칙을 분명히 하며, 경기북부가 감내해 온 구조적 희생을 국가가 책임감을 갖고 보상해야 한다는 점을 강조해 왔다.

이처럼 국가의 안보가 지역의 희생 위에 세워져서는 지속될 수 없다. 오히려 안보를 책임져 온 지역이 정당한 보상과 기회를 통해 성장하고 발전할 수 있어야, 안보 역시 지속 가능해진다.

경기 북부의 안전과 삶의 질을 높이는 일은 곧 경기도 전체의 균형 발전이자, 국가 안보의 토대를 튼튼히 하는 일과 다르지 않다.

이와 함께 접경지역의 안보 안전뿐만이 아니라, 경기도민 전체의 일상과 직결된 사회적 안전망을 어떻게 더 촘촘히 구축할 것인지 역시 중요한 과제이다. 실업과 재난, 사고와 질병 같은 위험 앞에서 누구도 홀로 방치되지 않도록 하는 안전망은, 안보 못지않게 공동체를 지탱하는 또 하나의 핵심 기반이라고 할 수 있다.

DMZ 특별법이 꼭 필요한 이유

분단으로 군사분계선이 그어지고 그로부터 남북이 각각 2키로미터의 완충지역인 비무장지대DMZ가 설정되었다. 남쪽 비무장 지대는 유엔사가 통제하고 있다. 문제는 이를 평화적으로 이용하고 출입하려고 해도 유엔사가 쉽사리 출입 허가를 허용하지 않는다는 점이다.

2025년 11월 대통령실 김현종 국가안보실 1차장이 백마고지 유해 발굴 현장을 방문하려 했으나, 유엔사가 불허했다. 또 2019년에도 통일부 장관이 비무장지대 안에 있는 대성동마을에 가려 했으나 유엔사가 불허했다.

유엔사는 정전협정에 의한 관할권을 가지고 있음을 근거로 DMZ 출입 허가권을 임의로 행사하고 있다. 그러나 정전협정에는 군사적 성질에 한하여 규정하고 있음을 분명히 밝히고 있다. 따라서 비군사적 목적이 분명한 데도 출입을 불허하는 것은 아무런 법적 근거가 없다. 이는 우리나라의 영토주권을 침해하는 것에 해당한다.

비무장지대 안에서 생태 환경 문화 역사뿐만이 아니라 평화를 위한 다양한 민간 활동은 우리가 할 수 있고, 마땅히 해야 하는 일이다.

때문에 이에 대한 법적 근거를 마련하기 위해 국회에서 더불어민주당은 「DMZ 특별법」이재강, 한정애 등 대표발의을 추진하고 있다. 이 법안은 DMZ를 단순한 군사 관리 대상이 아닌, 국가가 책임 있게 설계하고 관리해야 할 공공적 자산으로 규정해, 평화적 이용을 위한 종합계획 수립, 시범지구 지정, 전담 기구 설치, 재정적 지원 등의 근거를 두었다.

그런데 지난해 12월 유엔군사령부는 이 법이 정전협정 위반 소지가 있다는 이유로 반대 의사를 표명했다. 우리는 2026년 1월 DMZ 특별법 통과를 위한 세미나를 개최하는 등 이 법의 필요성을 공론화하고 있다.

결과적으로 이러한 반대는, 접경지역 중에서 특히 경기도가 오랜 시간 감내해 온 희생에 대한 정당한 보상 논의를 가로막는 계기가 될 것이다. 그렇게 되면 국가의 정책 자율성과 주권 침해 논란으로 이어질 수밖에 없다.

만약 이 법이 통과된다면 무엇보다 경기북부가 오랜 기간 감내해 온 군사적 부담과 과도한 개발 제한을 해소할 수 있을 것이다. 평화 정책의 성과가 지역의 일자리 창출로 이어지도록 하고, 정주 여건 개선과 삶의 질 향상을 뒷받침하는 제도적 장치가 될 것으로 본다.

말이 아니라 행동으로

경기도 곳곳에는 젊은 부부와 아이들이 어우러져 살아가는 동네
가 많다. 거리에는 아이들 웃음소리가 있고, 생활권마다 시장과 마
트, 동네 식당과 카페가 자연스럽게 자리 잡아 일상의 활기를 만들
어내고 있다. 이런 풍경 속에서 경기도는 분명 성장하고 있고, 살
아 움직이는 공간이라는 것을 체감하게 된다.

그러나 주민들과 이야기를 나누다 보면, 공통적으로 나오는 고
민이 있다. 바로 교통 문제이다. 경기도민이 일상에서 가장 크게
체감하는 불편이 무엇이냐고 묻는다면, 많은 분들이 망설임 없이
교통을 꼽는다.

직장과 주거지가 멀리 떨어진 구조 속에서 출퇴근 시간은 길어
질 수밖에 없다. 하루의 시작을 붐비는 지하철에서 보내고, 퇴근길
에도 다시 긴 이동 시간을 감내해야 하는 삶이 반복되고 있다. 버
스와 지하철을 여러 차례 갈아타야 하는 경우도 흔하고, 많게는 네

번 이상 환승해야 하는 사례도 적지 않다.

　문제는 단순히 이동 거리가 길다는데 그치지 않는다. 환승 시간과 배차 간격에 따라 하루의 리듬이 좌우되고, 한 번만 타이밍을 놓쳐도 긴 대기 시간이 이어진다.

　이런 불확실성과 피로가 매일같이 쌓이면서, 출퇴근은 이동이 아니라 견뎌야 할 시간이 되어버렸다. 경기도의 주거 환경과 도시 경쟁력을 이야기할 때, 교통 문제를 빼놓을 수 없는 이유가 여기 있다.

　교통은 단순한 편의의 문제가 아니라, 경기도민의 삶의 질과 직결된 핵심 과제라는 점을 현장에서 분명히 느끼게 된다.

　"출퇴근하려면 매일 하루 2시간 이상을 허비해야 해요. 길에 버리는 시간을 줄일 방법이 없을까요?"

　"지하철을 놓치지 않기 위해 지하철역 계단을 뛰어올라가야 합니다. 출근하고 나면 온몸이 땀으로 흥건해요. 환승을 좀 더 효율적으로 할 수 있도록 전반적인 운영 시스템을 개선하는 방법이 없을까요?"

　"지옥철 타보셨나요? 앉아서 출퇴근하는 호사까지는 바라지도 않아요. 등 뒤에서 사람들이 막무가내로 밀고 들어올 때면 무서운 생각이 들 때가 한두 번이 아니에요. 출퇴근 이동 인구는 방치하고 계속 서울 인근만 팽창시키고 있는데, 교통개선책을 듣고 싶어요."

　　　　　　　　　　　　　　　6부 말이 아니라 행동으로

"신도시 건설하기 전에 교통 대책부터 세웠어야지. 서울 시내 집 값 오른다고 무작정 경기도에 신도시 짓고, 그러면서 너희가 선택한 거니 출퇴근 고통은 너희가 알아서 감내하라는 식의 정부 대응은 너무 무책임한 것 아닌가요?"

"강남을 개발하기 위해 지하철 2호선 건설을 계획하고 지하철역도 많이 만들었다고 들었는데, 수도권을 개발하려면 같은 논리로 지하철노선이나 도로를 미리 만들었어야 하는 것 아닌가요? 이건 너무 불평등한 것 같아요."

"서울로 오가는 버스 노선 확충을 요구하면, 혼잡도와 이용 수요를 이유로 타당성 평가가 필요하다는 답이 돌아와요. 또 대도시권광역교통위원회 심의를 거쳐야 한다며 여러 기관을 오가는 논의가 이어지지만, 정작 현장의 불편을 신속하게 해결하려는 결정은 쉽게 보이지 않아요.

교통 문제는 매일 출퇴근을 감당해야 하는 도민의 삶과 직결된 사안인데, 이런 절차 중심의 논의만으로 과연 시민들이 체감할 수 있는 변화가 만들어질 수 있을까요?"

"경기도에서 운전하다 보면 서쪽 지역에서 동쪽 지역, 동쪽 지역에서 북쪽 지역으로 넘어가는 길이 복잡하고 제대로 갖춰져 있지 않아서 불편합니다. 제대로 연결된 길은 영동고속도로 하나뿐인데, 그러다 보니 길이 막히기 일쑤고, 경기도의 도시 인프라 설계는 제대로 하지 않은 것 같아요. 경기도의 균형발전을 위해서라도 개선되어야 할 것 같습니다.”

“서울시민 만족도 1위 정책이 ‘따릉이’라고 해요. 경기도에서도 에브리바이크라는 공유자전거가 있지만 더 많이 확대하고, 자전거를 안심하고 탈 수 있도록 자전거 전용도로 시설도 개선했으면 좋겠어요. 기후위기 시대에 이런 정책은 적극적으로 권장해야 하는 것 아닌가요?”

“서울 시내로 출퇴근하려면 집에서 걸어 나와서 마을버스를 타고 지하철역까지 나가서 지하철로 갈아타야 하고, 다시 버스로 환승해야 해요. 이미 교통 앱을 통해 길을 찾고는 있지만, 실제 현장에서는 환승 대기 시간이나 돌발 상황으로 인한 지연까지 세밀하게 반영되지는 못해요. 만약 인공지능AI 기술을 활용해 실시간 혼잡도와 지연 정보를 반영하고, 환승 시간을 조금이라도 줄일 수 있다면, 경기도민이 겪는 출퇴근의 고단함을 크게 덜 수 있지 않을까요?”

“바쁜 출근 시간에 정차하지 않고 그냥 통과하는 광역버스를 보면 분노가 치밉니다. 도대체 교통 대책을 어떻게 세웠기에 이렇게 도민의 불편에 나 몰라라 하는 건지 정부와 경기도가 원망스럽습니다.”

“퇴근 시간에 길이 막힐 것 같으면 아예 회사에서 저녁을 먹고 늦게 들어갑니다. 도로에서 두세 시간을 허비하느니, 저녁밥 먹고 조금 늦게 들어가면 30~40분이면 들어갈 수 있으니까요. 이로 인해 돈도 들고 가족과 함께 하는 시간도 줄어들어서 부당하다는 생각이 드는데, 개선할 방법은 없을까요?"

위의 글들을 읽다 보면, 도민들이 원하는 것이 참으로 다양하다는 생각이 든다.

버스 노선을 증설해 달라, 서울로 오가는 도로를 확충해 달라, 자전거 도로를 늘려 달라, 생활권을 고려해 서울행 버스의 회차 지점을 연장해 달라, 출퇴근 시간대 지하철 운행 간격을 줄여 달라는 요청이 끊임없이 이어지고 있다.

그만큼 경기도민의 일상에서 교통이 차지하는 부담이 크다는 뜻이다. 이런 이야기를 들을 때마다, 그동안 경기도민이 겪어온 교통 불편을 정책으로 충분히 풀어내지 못했다는 현실을 무겁게 받아들이게 된다.

경기도에서 서울로 오가는 길은 생각보다 훨씬 길고 변수가 많다. 출퇴근 시간대에는 올림픽대로나 강변북로의 정체를 피하기 위해 귀가 시간을 조정해야 하는 날도 적지 않다. 타이밍을 놓치면, 도로 위에서 한두 시간을 그대로 보내게 되는 상황이 반복된다. 특히 기상 악화나 돌발 상황이 겹치면 이동 시간은 예측 불가능해진다.

대중교통도 마찬가지다. 국회 인근을 지나는 지하철 9호선은 출퇴근 시간대 혼잡이 극심한 노선으로 잘 알려져 있다. 조금만 늦어도 승강장이 가득 차서 열차에 오르기 어려워지는 상황이 반복되다 보니, 근무를 마친 직원들이 시간을 맞추기 위해 서둘러 이동하는 모습이 낯설지 않다.

이처럼 교통 문제는 불편의 차원을 넘어, 하루의 리듬과 삶의 질을 좌우하는 핵심 과제가 되었다. 이제는 단순한 노선 증설이나 시설 확충을 넘어, 실제 이동 과정에서 체감되는 불편을 어떻게 줄일 것인지에 대한 보다 정교한 해법이 필요하다.

"운 좋게 지하철을 탔다고 그게 끝이 아닙니다. 다른 노선으로 환승할 것까지 생각하면, 환승 게이트가 가장 가까운 열차 칸에 대기하고 있다가 다시 또 뛸 수밖에 없습니다. 매일매일 출퇴근 시간이 마치 전쟁 같습니다."

지역구를 오가는 지하철 5호선 역시 사정은 크게 다르지 않다. 출퇴근 시간대 혼잡은 일상이 되었고, 정시성과 안전성에 대한 우려도 커지고 있다.

특히 김포공항역과 양촌역을 잇는 김포 골드라인, 여주에서 성남 판교를 연결하는 경강선의 혼잡도는 이미 한계 수준에 도달했다는 평가가 많다. 실제로 승강장과 열차 내 밀집도가 높아지면서 이용자의 안전을 걱정하는 목소리도 계속 나오고 있다.

많은 경기도민이 이처럼 과밀한 교통 환경 속에서 하루를 시작하며 마무리하고 있다. 출퇴근이 곧 체력 소모와 위험 감수의 시간이 되고 있다는 점은 결코 가볍게 넘길 문제가 아니다.

파주에서 서울로 출퇴근하는 의원실 막내 비서관의 경우는 상황이 더욱 녹록치 않다. 여러 차례 환승을 거쳐야 하고, 이동 시간도 길어 하루의 상당 부분을 교통에 할애해야 한다. 경기 북부를 포함한 수도권 외곽 지역이 공통으로 겪고 있는 구조적 문제를 보여주는 사례라 할 수 있다.

"타이밍이 잘 맞아서 빨리 오면 1시간 40분 걸리는데, 집에서 국회까지 평균 2시간 이상 소요됩니다. 집에서 한 번에 여의도까지 오는 버스가 없어서 버스와 지하철을 번갈아 갈아타고 와야 하는데, 퇴근이 조금 늦으면 홍대역까지 택시를 타고 가서 경의·중앙선 막차를 탑니다."

특히 경의·중앙선 배차시간이 길어 한 번 놓치면 30분가량 기다려야 한다며 답답해한다. 밤이 되면 집으로 가는 버스와 열차가 일찍 끊겨, 야근 후 택시를 이용하면 요금이 7만 원을 훌쩍 넘는 경우도 적지 않다고 한다.

이 문제의 뿌리는 오래되었다. 1960~70년대 급격한 도시화 과정에서 서울은 일자리를 찾아 전국에서 몰려든 사람들로 빠르게 팽창했고, 심각한 주택난을 겪게 되었다. 주거 공간이 부족해 산기슭이나 다리 밑에 불법 주택이 들어서던 시기도 있었다.

이에 정부는 주택시장 안정을 위해 성남을 비롯한 수도권 외곽에 대규모 주택단지를 조성하고, 이후 1기·2기 신도시를 차례로 건설했다.

그러나 주택 공급에 비해 대중교통 대책은 상대적으로 뒤로 밀렸고, 그 결과 신도시 주민들의 서울 출퇴근은 '전쟁'에 가까운 일이 되었다. 이 구조적인 문제가 시간이 지나며 경기도 전역으로 확산되었다고 볼 수 있다.

주택시장 안정과 주거복지 확대를 위해 신도시를 건설했다면, 교통 대책이 먼저였어야 한다. 주택을 먼저 짓고 도로와 철도를 뒤따라 마련하는 방식은 불편을 키울 뿐 아니라, 사회적 비용과 재정 부담을 함께 증가시킨다.

미국의 마스터플랜드 커뮤니티master-planned community 개발 사례를 보면 접근 방식이 다르다. 한마디로 기본계획을 갖춘 도시개발이라고 할 수 있다. 즉 도시주거와 상업, 학교, 공원, 레저시설 등 생활 인프라를 하나의 계획 안에서 통합적으로 설계하고, 입주민 이동을 위한 도로와 교통 인프라는 초기 단계부터 핵심 요소로 반영한다.

도로와 기반 시설을 먼저 구축한 뒤, 그 위에 주거가 자리 잡게 하는 방식이다. 신도시 조성 이후에 교통 대책을 논의하는 우리의 관행과는 분명한 차이가 있다.

이러한 문제를 바로잡기 위해 문재인 정부는 3기 신도시를 추진하며 '선先 교통, 후後 입주' 원칙을 내세웠다. 남양주 왕숙, 하남 교산, 고양 창릉, 부천 대장, 인천 계양 등 주요 공공주택지구가 그 대상이었다. 그러나 교통망 구축 지연으로 이 원칙은 아직 충분

     6부 말이 아니라 행동으로

히 현실화되지 못하고 있다.

신도시 개발과 함께 발표된 GTX, 광역철도, 고속도로 등 광역 교통망 사업 상당수가 착공 이전 단계부터 여러 이유로 지연되고 있기 때문이다. 2기 신도시 계획과 함께 제시되었지만 여전히 착공 조차 이루어지지 못한 위례신사선 문제는 이를 상징적으로 보여주는 사례라 할 수 있다.

해결책을 찾은
위례신사선

· · ·

　정부는 2기 신도시인 위례신도시 조성과 함께 교통 대책으로 '위례신사선'을 제시했다. 이 과정에서 지하철 건설을 이유로 주민들에게 총 3,100억 원이 넘는 교통분담금이 부과되었다.

　그러나 위례신사선은 계획 발표 이후 17년이 지나도록 착공조차 하지 못한 채 표류하고 있다.

사업을 지연시킨 후속대책

　경기도 하남갑 국회의원으로 당선된 이후, 지역구 현안인 위례신사선 건설 책임을 지고 있는 서울시 관계자들을 국회로 불러 직접 보고받았다. 그러나 돌아온 설명은 주민들의 기대와는 거리가 멀었다.

민간투자사업으로 추진되던 위례신사선은 시행사 선정 이후 코로나19 확산과 우크라이나 전쟁 등을 이유로 착공이 장기간 지연됐고, 우선협상대상자였던 GS건설 컨소시엄은 수익성 악화를 이유로 2024년 6월 결국 사업을 포기했다.

재정투자사업으로의 전환이 불가피해진 상황이었음에도, 서울시는 미온적인 태도를 보이며 사업 추진을 지연시켜 왔다.

주민들의 절박함에 대한 공감이나, 신속하게 문제를 해결하겠다는 의지조차 확인하기 어려웠다.

이대로는 도저히 안 되겠다고 판단하고 2024년 8월 28일 국회에서 전문가와 주민이 함께 참여하는 「위례신사선 지연 문제 해결을 위한 공청회」를 개최했다. 서울시로부터 공식 보고를 받고, 전문가 의견을 청취하며 현실적인 대안을 모색해보았다.

공청회와 전문가 논의를 통해 확인된 결론은 분명했다. 사업성이 취약한 민간투자 방식으로는 중단과 지연이 반복될 수밖에 없으며, 조속히 재정투자사업으로 전환해야 한다는 것이었다. 이에 서울시에 신속한 전환을 공식적으로 요구했다.

그러나 오세훈 서울시는 민간투자 방식을 고수했고, 그 결과 사업은 연이어 유찰되며 또다시 8개월의 시간이 허비되었다. 더 이상 서울시에만 맡겨둘 수 없다고 판단하고 2025년 4월 29일 기획재정부, 국토교통부대도시권광역교통위원회, 서울시 등 관계 부처를 직접 만나 재정투자사업으로 전환하는 협의를 진행했다. 또한 시간을 단축하기 위해 '신속 예비타당성조사' 대상 사업으로 선정되도록 주문했다.

그 결과 위례신사선은 '신속 예타' 대상 사업으로 선정되어 절차를 밟고 있다. 이 과정을 직접 겪으며, 그동안 정부와 서울시의 탁상행정과 무사안일로 인해 주민들이 감내해야 했던 불편과 상실감이 얼마나 컸을지 절실히 실감하게 되었다.

특히 수도권 철도사업은 예비타당성조사를 통과하기가 매우 어렵다는 점에서, 재정투자사업 전환을 우려하는 목소리가 적지 않다. 그래서 위례 주민들이 이미 교통분담금을 납부하며 직접 기여한 점이 평가에 반영될 수 있도록 김태년, 남인순 의원과 함께 제안했다. 이로써 예타 통과 가능성이 높아졌다.

그동안 수요와 비용 중심으로 기계적으로 이뤄지던 예비타당성조사의 관행을 넘어, 대중교통 확충을 위해 지역 주민이 선제적으로 부담한 기여를 제도적으로 인정했다는 점에서 의미 있는 진전이라 할 수 있다.

노력을 기울인 끝에 위례신사선은 재정투자사업으로 전환되어 절차를 이어가고 있지만, 모든 사업이 같은 결과를 얻게 된 것은 아니다.

평택~안성~이천 부발을 잇는 평택부발선 철도사업은 경제성 지표에 발목이 잡혀 예비타당성조사를 통과하지 못했고, 서울 강북 지역 교통 사각지대 해소를 위해 추진된 강북횡단선 역시 경제성 부족을 이유로 사업이 취소되었다. 목동선 등 다른 철도사업들 또한 같은 이유로 중단된 상태다.

이 사례들은 수도권 교통 문제 해결이 계획뿐만 아니라 제도와 평가 기준, 그리고 행정의 책임감이 함께 바뀌어야 가능한 과제임을 분명히 보여주고 있다.

송파하남선 연장

경기도 하남갑 국회의원으로 출마하며, 말이 아닌 성과로 책임을 증명하겠다고 약속드렸다. 그 약속 중 하나인 서울 지하철 3호선 송파 – 하남선 연장 사업 역시 구체적인 진전을 이뤄내고 있다.

해당 사업은 2025년 7월 22일, 정부의 기본계획인 광역교통개선대책의 핵심 철도노선으로 승인되었으며, 2032년 개통을 목표로 총사업비 1조 8,356억 원이 투입될 예정이다. 3기 신도시인 하남 교산지구를 지나 하남시청역까지 연장하는 사업의 추진을 위해 대도시권광역교통위원회 등 관계기관과의 협의를 통해 성과를 올린 것이다.

하남시의 만성적인 교통체증 문제를 해소하고, 서울 동부지역과 경기도를 하나로 연결하는 핵심 교통축으로 기능할 것으로 기대를 모으고 있다.

발전을 잇고 불평등을 녹이는 교통망

교통망은 발전의 촉매제이자 불평등을 해소하는 용해제이다. 그렇기에 교통망은 특정 지역에 치우치지 않고 균형 있게 발전해야 한다. 교통 인프라가 한쪽으로만 집중되거나 일부 지역이 배제될 경우, 국가의 균형 발전은 흔들리고 사회적 갈등이 증폭될 수밖에 없다.

기술의 발전과 사회 변화는 언제나 새로운 교통수단의 등장을 이끌어왔고, 그 교통수단은 다시 사회 발전을 가속하는 역할을 해왔다.

산업혁명의 상징인 증기기관의 발명으로 근대 철도의 역사가 시작되었고, 성능이 향상된 증기기관차는 교통의 혁명을 이끌었다. 그 결과 원료와 물자의 대량 운송이 가능해졌고, 이는 다시 산업혁명을 촉진하는 선순환 구조를 만들어냈다.

이러한 역사적 경험은 교통정책 수립 과정에서 미래 기술의 발전을 예측하고, 그에 맞는 제도와 법적 기반을 선제적으로 마련해야 하는 이유를 보여준다.

그렇다면 미래 기술의 발전은 어떤 교통 혁명을 낳을 수 있는지, 지금 우리가 겪고 있는 교통 문제를 해결하기 위해 빠르게 진화하고 있는 인공지능AI, 블록체인, 빅데이터 기술은 교통 체계와 어떻게 결합될 수 있는지 궁금해하지 않을 수 없다.

지난 2025년 8월 더불어민주당 대표단 단장 자격으로 중국을 방문했다. 차하얼학회 등 중국의 주요 싱크탱크와 한중 협력 방안을 논의하며 정치권 교류를 강화하는 일정이었다. 우리 일행은 사오펑자동차와 플라잉카 공장, 화웨이 베이징 연구소 등 주요 산업현장을 직접 살펴볼 수 있었다. 급변하는 교통·기술 환경을 체감할 수 있었던 자리였다.

베이징에서는 이미 자율주행 자동차가 도로 위를 달리고 있었고, 기술 수준 역시 세계 최고 수준에 이르렀다는 설명을 들었다.

특히 베이징과 상하이 등 중국 주요도시에서는 이미 완전 무인인 '로보택시'의 시험 운영과 상용화를 추진하고 있다는 자랑이 이어졌다.

하늘을 나는 에어택시 상용화에 나선 미국 조비 에비에이션Joby Aviation은 최근 아랍에미리트UAE에서 17분간 유인 에어택시 비행을 성공적으로 마쳤다고 한다. 기술 발전과 함께 교통수단의 혁명이 이미 현실로 다가오고 있다는 것을 보여주는 사례라 하겠다.

기술 개발 자체는 과학과 산업의 영역이지만, 그 기술이 안전하게 상용화될 수 있도록 제도를 만들고 법률을 정비하는 일은 국회와 정부의 책무이다. 더 나아가 최신 과학기술을 국민의 일상 속 교통 서비스로 구현해 내는 일은 행정가의 역할일 것이다.

경기도민의
출근을 가볍게

· · ·

인공지능AI 등 첨단 기술을 교통 체계 전반에 적용해 기존 대중교통의 효율성과 신뢰성을 높이는 한편, 드론 택시 등 미래형 대중교통수단 도입을 중장기 과제로 검토해야 한다.

동시에 이러한 교통수단의 상용화에 대비해 관련 법·제도와 안전기준을 선제적으로 마련하는 노력이 함께 이루어져야 할 것이다.

교통 혁신 모델 경기도로

경기도는 최신 기술을 적용한 교통 혁신을 이룰 테스트 배드Test Bed, 리빙 랩Living Lab을 넘어서 기술을 삶의 변화로 연결해 성과를 만들어내는 개척자이자 선구자가 될 수 있는 지역이다.

인공지능AI기술이 빠르게 발전하고 있는 지금, 초당 수조 회의

연산이 가능한 AI를 교통 행정에 적극 접목해야 한다. 실시간 교통 데이터를 분석·예측해 지하철과 도로의 혼잡을 줄이고, 동시에 안전을 강화하는 체계를 구축할 필요가 있다.

지하에서뿐만 아니라 지상의 도로에서도 인공지능AI기술과 블록체인 기술은 교통 문제 해결을 위해 시급히 적용해야 한다. 또한 교차로에 설치된 카메라와 센서, 교통 CCTV 등을 분석해 실시간 교통량과 흐름을 파악해야 한다. 그 분석 결과에 따라 방향별 차량 수요 변화에 맞춰 신호 주기를 탄력적으로 조정할 수 있을 것이다. 이러한 시스템을 주요 도로부터 단계적으로 확대 적용할 필요가 있다.

특히 실시간 분석뿐만 아니라 축적된 대규모 교통 데이터를 활용하여 인근 지역까지 교통 혼잡 패턴을 예측할 필요가 있다. 이러한 예측 기반 대응이 가능해진다면 상습적인 도로 정체 문제를 구조적으로 개선할 수 있을 것이다.

하루 평균 약 660만 명이 이용하는 수도권 지하철 역시 마찬가지다. 인공지능AI를 활용해 승·하차 인원과 환승 시간, 이동 패턴을 정밀하게 분석하고, 혼잡도가 높은 핵심 거점을 중심으로 배차 간격과 차량 편성을 탄력적으로 조정한다면, 매일 지하철과 버스를 여러 차례 환승하는 수도권 시민의 일상은 눈에 띄게 달라질 것이라고 생각한다.

아울러 교통 흐름을 사전에 예측해 교차로와 건널목의 신호 체계를 통합 관리하고, 위험 징후를 조기에 감지해 사고를 예방하는 데에도 AI를 적극 활용해야 한다. 교통사고 발생 이후에도 신속한 신고와 현장 대응이 가능하도록 한다면, 도로 위의 안전과 흐름을 동시에 지켜낼 수 있을 것이다.

교통 혁신은 더 많은 도로를 만드는 것만으로는 해결이 되지 않는다. 기술을 활용해 시간을 줄이고, 위험을 낮추고, 삶의 여유를 회복하는 것, 그것이 경기도형 교통 혁신의 핵심이 되어야 할 것이다.

정밀한 생활권 통합형 관리 체계 구축

시대가 변하고 기술이 발전하면서 교통을 둘러싼 환경 역시 빠르게 변화하고 있다. 그러나 수도권의 출퇴근 현실은 여전히 미흡한 부분이 많다. 많은 시민이 지하철 앱을 통해 실시간 도착 정보를 확인하고 있지만, 출근 시간처럼 이용자가 한꺼번에 몰리는 상황에서는 이 방식만으로 혼잡을 해소하는 데 한계가 있다.

인공지능AI은 이러한 문제를 해결하는 데 중요한 역할을 할 수 있다. 개찰구에서 카드 태그 시 생성되는 승하차 데이터를 시간대별·노선별·환승 패턴으로 분석하면, 언제 어디서 혼잡이 집중되는지 미리 파악할 수 있을 것이다.

이 데이터를 바탕으로 배차 간격을 조정하고, 특정 시간대에 열차를 추가 투입하는 등 탄력적인 운행이 가능해진다. 비록 교통 문제의 모든 해법은 아니더라도, 출퇴근 혼잡을 완화하는 데 있어 매우 효과적인 대안이 될 수 있다.

하지만 교통 문제는 기술만 앞선다고 저절로 풀리는 문제가 아니다. 기술이 제 역할을 하려면, 그에 맞는 제도와 운영 체계가 함께 움직여야 한다.

수도권은 이미 하나의 생활권이 되었지만, 교통 제도는 여전히 행정구역별로 나뉘어져 있다. 경기도민, 서울시민, 인천시민이 하나의 생활권 안에서 이동하고 있음에도 불구하고, 교통카드와 할인 제도는 지역별로 나뉜다.

중앙정부의 K-Pass, 서울시의 기후동행카드, 인천시의 이음카드, 경기도의 G-Pass가 서로 다른 기준으로 운영되면서 이용자 혼란과 형평성 문제를 낳고 있다.

환승 인프라도 마찬가지다. 광역버스와 지하철을 바로 연결하는 환승센터는 출퇴근 부담을 줄이는 핵심 시설이지만, 비용 분담 문제로 추진이 지연되는 사례가 반복되고 있다.

그 결과 경기도는 광역버스 적자를 사실상 전액 부담하는 구조가 되었고, 이용자 불편은 그대로 방치되고 있는 상태이다.

이러한 문제를 근본적으로 해결하기 위해서는 수도권 광역교통 거버넌스의 재정비가 필요하다. 단기적으로는 「대도시권 광역교통에 관한 특별법」과 시행령을 만들어 광역버스 적자 분담 구조를 개선해야 한다. 장기적으로는 꾸준히 제기되어 온 '수도권교통청' 신설을 검토해, 계획·운영·재정을 통합적으로 관리하는 체계로 나아가야 한다.

기술은 이미 우리 앞에 와 있다. 인공지능, 빅데이터, 블록체인은 교통 문제를 해결할 수 있는 충분한 가능성을 보여주고 있다.

이제 남은 과제는, 기술을 어떻게 제도와 행정으로 연결할 것인

가이다. 교통 문제는 단순한 이동의 문제가 아니라, 하루의 시작과 끝을 결정하는 삶의 문제이기 때문이다.

인공지능을 활용해 혼잡을 예측하고, 제도를 정비해 이동의 장벽을 낮추며, 수도권을 하나의 생활권으로 관리하는 교통 행정으로 나아갈 때, 경기도민의 출퇴근은 더 이상 고통이 아닌 일상이 될 수 있을 것이다.

출발에서 도착까지 체계적으로 관리하는 교통대책

교통 문제는 단순히 새로운 노선을 하나 더 만드는 것으로는 결코 해결되지 않는다. 기술 발전에 맞춘 제도적 준비와 함께, 이미 존재하는 교통수단을 어떻게 효율적으로 연결하느냐가 더 중요해지고 있다. 미래 교통을 대비하는 일과, 현재 도민이 겪는 불편을 줄이는 일이 동시에 추진되어야 할 것이다.

먼저 신기술을 활용한 교통 혁신에 관해 고민을 해보려고 한다. 인공지능AI, 빅데이터, 블록체인 기술은 교통 운영의 효율을 높이고 혼잡을 완화할 수 있는 충분한 가능성을 갖고 있다.

그러나 새로운 기술만으로는 교통 문제가 저절로 해결되지않는다. 기술이 효과를 발휘하려면, 현재 가용한 교통 자원을 어떻게 배분하고 연계할 것인지에 대한 행정적 판단이 함께 따라야 한다.

이 지점에서 핵심 과제로 떠오르는 것이 라스트 마일Last_Mile 이동 문제이다. 라스트 마일이란 대중교통으로 이동한 뒤, 최종 목적

지까지 남은 마지막 이동 구간을 뜻한다.

GTX나 지하철을 타고 목적지 인근까지 빠르게 도착하더라도, 역에서 집이나 직장까지의 마지막 이동이 불편하다면 체감 교통은 개선되지 않는다. 보행, 자전거, 개인형 이동장치PM는 누구에게나 해당되는 마지막 이동수단이다. 우리는 모두 잠재적인 보행자이자 자전거 이용자다.

그러나 현실은 녹록지 않다. 2024년 기준 전체 교통사고 사망자 가운데 보행자 사망 사고는 36.5%를 차지했고, 자전거 사망 사고는 전년보다 크게 증가했다. 피해자 중에서 특히 어르신과 어린이 비중이 높다.

횡단보도에서 신호를 기다리던 아이가 우회전 차량에 치여 목숨을 잃은 것과 유사한 사고가 반복된다면, 그 사회는 결코 안전하다고 말할 수 없을 것이다. 교통 정책은 자동차의 흐름이 아니라, 사람의 안전을 중심에 두어야 한다.

이러한 관점에서 공공자전거 정책 역시 재점검이 필요하다. 경기도의 공공자전거 '에브리바이크'는 친환경 교통수단이자 라스트마일 이동수단으로 의미 있는 시도라는 생각이 든다.

그러나 현장에서는 주차와 반납의 불편, 자동 반납으로 인한 분실 위험, 반납 불가 지역 과금 문제, 출퇴근 시간대 접근성 부족, 자전거 상태 불량 등의 불만이 이어지고 있다. 일부 대여소에서는 자전거가 없거나 예약 경쟁이 과도해 이용 자체가 어려운 경우도 있다.

이 문제는 운영 미숙이 아니라, 수요 예측과 배치 방식의 한계에서 비롯된 측면이 크다. 빅데이터를 활용하면 시간대별·지역별 이용 패턴을 분석할 수 있을 것이다. 그 결과를 토대로 자전거 재배치와 사전 예약제를 병행한다면, 수요와 공급의 불균형을 상당 부분 해소할 수 있을 것이다.

출퇴근 과정 전반을 놓고 보더라도, 경기도민의 부담이 크다. 환승이 한두 번에 그치지 않고, 네다섯 번에 이르는 경우도 많다. 환승할 때마다 긴 대기 시간과 만석으로 인한 탑승 실패를 감수해야 하는 상황도 반복된다. 이 문제를 완화하기 위해서는 인공지능AI 기반의 경기도 통합 교통 플랫폼 구축을 검토할 필요가 있다.

지하철과 광역버스, 시내버스뿐만 아니라 공유자전거, 개인형 이동장치, 똑버스수요응답형 버스, DRT와 같은 보조 교통수단까지 실시간 정보를 통합 제공한다면, 이용자는 이동 경로를 보다 합리적으로 선택할 수 있을 것이다.

새로운 교통망을 건설하지 않고도 단기간에 체감 효과를 낼 수 있는 방법이라는 생각이 든다. 이미 우리 사회에 구축되어 있는 내비게이션, 예약, 결제 시스템을 인공지능과 결합한다면 기술적 장벽도 그다지 높지 않을 것이다.

교통 혁신은 먼 미래의 기술 경쟁이 아니라, 오늘의 출퇴근을 조금이라도 덜 힘들게 만드는 데서 출발해야 한다. 사람의 이동을 중심에 두고, 기존 교통수단을 촘촘하게 연결하는 정책이야말로 경기도민의 삶의 질을 실질적으로 바꾸는 교통 정책이 될 것이다.

보여주기 식 교통정책

막힌 도로 위에서 국민의 교통 불편을 해소하기 위해 세계 각지에서는 다양한 시도가 이어지고 있다.

전통적인 교통수단을 현대적으로 재해석한 트램은, 프랑스 파리·리옹·톨루즈, 영국 런던, 독일 베를린, 포르투갈 리스본, 스위스 취리히 등 전 세계 300여 개 도시에서 핵심 대중교통수단으로 활용되고 있다.

네덜란드 암스테르담과 영국 런던, 프랑스 톨루즈 등에서는 도시형 케이블카를 교통수단으로 활용하고 있으며, 미국 라스베이거스와 일본 오사카, 독일 도르트문트 등은 모노레일을 대체 교통수단으로 운영하고 있다.

우리나라에서도 트램, 모노레일, 경전철 등 새로운 교통수단이 일부 지역에 도입되었고, 한강수상택시에 이어 최근에는 한강버스까지 등장했다. 그러나 상당수의 사업이 수요 예측 실패, 연결성 부족, 보여주기 식 추진이라는 한계를 드러내며 기대에 미치지 못했다.

그 중 서울시가 도입한 한강버스가 가장 처참한 실패작인 것 같다. 지하철·시내버스와의 환승 체계가 충분히 갖춰지지 않았고, 승차장 접근성 역시 출퇴근 시간대 이용을 고려했다고 보기 어렵다.

출퇴근 대체 수단을 표방했지만, 속도와 연결성, 정시성이라는 대중교통의 기본 요건을 충족하지 못한 채 추진돼 그 실효성이 매우 의문스럽다.

교통은 정치적 목적이나 정략적 수단이 되어서는 안 된다. 대중

교통은 서민의 손과 발이며, 하루하루 되돌릴 수 없는 시간을 담고 있는 삶의 기반이다. 교통정책은 시민의 일상을 얼마나 정확히 이해하고 있는지를 가늠하는 가장 분명한 척도라 할 수 있다.

대중교통은 느긋함을 논할 대상이 아니라, 시민의 삶을 덜 힘들게 만드는 최소한의 공공서비스다. 그 기준을 잃는 순간, 교통정책은 실패할 수밖에 없다.

　　　　　　　　　　　　　　　6부 말이 아니라 행동으로

교통권 보장 없이
삶의 질 개선 없다

• • •

교통권 보장은 경기도민의 삶의 질을 높이는 가장 확실한 방법이다. 또한 균형 잡힌 지역발전을 이끄는 핵심 기반이기도 하다.

GTX 노선의 조기 착공을 차질 없이 추진하고, 경기도 전철·철도역에서 집까지의 이동을 돕는 라스트마일Last Mile 교통 정책을 함께 강화해야 할 것이다.

아울러 경기교통공사 등이 인공지능AI과 빅데이터를 활용해 교통 운영 효율을 높이고 재정 적자를 줄이는 방안을 적극 검토해 볼 필요가 있다.

이렇게 확보한 재원을 활용해 경기도 아동·청소년의 시내버스 무료 이용을 지원하는 정책도 충분히 고민해 볼 수 있을 것이다.

광역교통체계의 전면적인 개선

많은 경기도민이 출퇴근과 일상생활을 위해 서울 시내버스를 이용하고 있지만, 이용 과정에서 겪는 불편은 적지 않다. 특히 버스 노선과 관련한 불만이 반복적으로 제기되고 있다.

경기도민이 서울시청이나 경기도청에 서울 시내를 오가는 버스 노선 연장이나 신설을 요청하면, 서울시는 종종 버스총량제를 이유로 난색을 표하곤 한다. 버스총량제는 시내버스 총 대수를 동결하고 신규 면허 등록을 제한하는 제도인데, 서울시가 2004년 시내버스 준공영제와 노선 개편을 추진하면서 도입한 것이다.

광역급행버스 노선 신설 등 수도권 광역교통 개선 사항은 국토교통부 산하 대도시권광역교통위원회대광위에서 심의·결정한다. 이 과정에서 경기도민의 절박한 요구가 충분히 반영되지 못했다는 느낌이 든다. 물론 수도권 전체의 교통 효율을 고려하는 대광위의 판단 취지는 존중되어야 마땅하다. 하지만 그 과정에서 경기도민의 일상적 불편이 후순위로 밀려나게 되어 아쉬움으로 남는다.

경기도민 역시 서울시민과 마찬가지로 세금을 납부하고, 국가의 의무를 다하는 우리나라 국민이다. 특정 지역의 불편을 이유로 다른 지역의 개선 요구가 반복적으로 지연되는 구조는 바람직하지 않다. 교통 불편에 차별이 있어서는 안 되며, 이동의 기본권 역시 지역에 따라 달라지면 안 된다.

이제 수도권 교통 대책을 보다 서민의 입장에서, 더 능동적이고 신속하게 추진할 새로운 해법을 모색해야 할 시점이다. 이러한 문제의식 속에서 경기도·서울시·인천시를 아우르는 수도권교통청 신설 필요성도 꾸준히 제기되어 왔다. 다만 행정 체계와 예산, 법률이 복잡하게 얽혀 있어 단기간에 추진하기는 쉽지 않다.

단기적으로는 「대도시권 광역교통에 관한 특별법」과 시행령을 개정해 광역버스 적자 분담 구조를 합리적으로 조정하는 등 현실적인 문제부터 하나씩 풀어나가야 한다. 나아가 장기적으로 미국의 광역교통기구MPO처럼 독립적인 광역교통 계획·조정 기구 출범도 생각할 수 있다.

수도권 교통은 어느 한 지역의 문제가 아니라, 함께 해결해야 할 공동의 과제이다. 경계를 넘어 협력과 책임 분담이 있을 때, 비로소 경기도민의 출퇴근 고통도 줄어들 수 있을 듯 하다.

교통은 마땅이 누려야 하는 권리

교통은 소비자가 선택해 구매하는 서비스가 아니라, 국민이라면 누구나 당연히 누려야 할 권리이다. 어린이와 노약자, 어르신과 장애인 누구도 차별 없이 접근할 수 있어야 하는 기본적인 사회적 기반이다

따라서 교통정책은 단순히 이동 수단을 제공하는 기능을 넘어, 공정과 정의, 평등이라는 사회적 가치를 함께 담아야 한다.

사회학자 데이비드 카플로비츠David Caplovitz는 동일한 상품이나 서비스를 이용하면서도 사회적·경제적 여건에 따라 더 많은 비용

을 부담하게 되는 현상을 두고 'The Poor Pay More 1963'라고 설명한 바 있다. 이는 특정 집단을 규정하려는 표현이 아니라, 구조적 불평등이 일상 속에서 어떻게 작동하는지를 보여주는 개념이다.

수도권 교통 현실에서도 유사한 구조를 확인할 수 있다. 서울 시내로 출퇴근하기 위해 경기도나 인천의 광역버스를 이용할 경우, 교통카드 기준 기본요금은 3,200원이다. 이는 서울 시내버스 기본요금 1,500원에 비해 두 배가 넘는 수준이다.

출퇴근 시간 역시 격차가 뚜렷하다. 서울연구원 자료에 따르면 2023년 기준 서울시민의 평균 출퇴근 시간은 편도 약 34.5분인 반면, 경기도민의 평균 출퇴근 시간은 약 39분이다. 특히 서울로 출퇴근하는 경기도민의 경우 편도 평균 1시간 7분이 소요되는 것으로 나타났다.

결과적으로 경기도민은 더 많은 교통비를 지불하고, 더 긴 시간을 이동에 사용해야 같은 일터에 도달할 수 있는 구조에 놓여 있는 셈이다. 이는 개인의 선택 문제가 아니라, 수도권 교통체계가 안고 있는 구조적 불균형의 문제이다.

이제는 이러한 일상의 불편과 불평등을 줄이기 위해 중앙정부와 지방정부, 그리고 기업이 함께 지혜를 모아야 할 시점이다.

교통을 비용의 문제가 아니라 권리의 문제로 바라볼 때, 비로소 모두에게 공정한 이동 환경을 만들어갈 수 있을 것이다.

7부

추미애의 원칙,
공정한 규제로 답하다

경기도의 광범위한 규제 면적

실효적 규제 디톡스

특혜가 아닌 지연된 권리 회복

현재 경기도가 겪고 있는 규제는 불편함을 넘어 막대한 경제적 손실뿐만이 아니라 우리나라 성장 잠재력을 잠식하고 있는 수준이다.

수도권정비계획법에 따른 수도권 규제를 경기도 전역이 받고 있다. 그 외에도 군사시설 보호구역, 그린벨트, 팔당특별대책지역, 상수원보호구역 등의 중첩규제를 받고 있다.

이처럼 하나의 토지가 그린벨트와 군사시설 보호구역, 수도권 규제 등의 규제를 받고 있으며, 이외에도 농지법에 의한 농업진흥구역, 산지관리법에 의한 보전산지, 문화재보호법에 의한 문화재보호구역 등의 규제가 경기도의 발목을 잡고 있다.

이렇듯 경기도가 갖가지 규제로 꽁꽁 묶여 있는 사이 경기도와 우리나라의 성장 잠재력은 글로벌 무대에서 뒤처질 수밖에 없다.

경기도의
광범위한 규제 면적

· · ·

1960년대 이후 급속한 산업화와 도시화로 수도권에 인구가 집중됐다. 무분별한 도시 확장과 환경오염 문제가 심각해지자 이를 억제하기 위한 제도로 수도권 개발제한구역, 이른바 그린벨트가 도입되었다.

그린벨트 제도는 1962년 제정된 「도시계획법」에 개발제한구역 관련 규정을 명시함으로써 법적 근거가 마련된 것이다. 당시 도시계획법은 조선시가지계획령을 개편해 도시계획 수립과 집행의 기본 틀을 정립한 법으로, 이후 여러 차례 개정을 거쳐 2002년 「국토의 계획 및 이용에 관한 법률」로 통합·정비되었다.

이 제도는 도시의 무질서한 팽창을 막고 자연환경을 보전하는 데 일정한 역할을 해왔지만, 시간이 흐르며 수도권과 특히 경기도 전역에 광범위한 규제로 작용하게 되었다.

낡은 규제로 꽁꽁 묶인 경기도

수도권 개발 제한에 따라 건축물 신축과 토지 형질 변경 등 대부분의 개발 행위는 오랫동안 엄격히 제한되어 왔다. 이로 인해 60여 년 전에 지정된 법률이 오늘날까지 그대로 적용되면서, 인근 지역 주민들은 장기간 개인의 재산권이 제약을 받는 불편을 감내해야 했다. 시대의 변화와 새로운 지역 개발 수요를 충분히 반영하지 못한 정책이라는 비판이 지속적으로 제기되는 이유다.

2000년「그린벨트 지정 및 관리에 관한 특별법」제정을 계기로 일부 지역에서 단계적인 해제가 이루어지기 시작했지만, 그 과정에서 수도권과 비수도권 간 형평성 문제, 이른바 수도권 역차별 논란이 본격적으로 제기되었다.

특히 12.3 내란 이후 권한대행 체제인 2025년 2월, 정부는 부산·광주·대전 등 6개 비수도권 권역의 그린벨트를 해제해 국가산업단지 등 15개 전략사업을 추진하겠다는 계획을 발표했다.

이 결정은 지역 균형 발전이라는 취지를 담고 있지만, 동시에 경기도가 오랫동안 떠안아 온 과도한 규제와 상대적 박탈감을 더욱 부각시키는 계기가 되었다.

이제 경기도에 집중된 중첩 규제와 개발 제한은 1970년대의 정책 틀이 아니라, 2025년의 현실과 미래 전략에 맞게 관련 법과 제도를 전면적으로 재정비해야 할 시점이다.

"경기도에 땅과 집이 있는 사람이라면 공감할 겁니다. 집을 짓거나 증축하려고 할 때 제한받는 규제가 하나, 둘이 아닙니다. 내 땅에서 내가 살기 위한 집을 짓는데 왜 이렇게 까다로운 절차를 거쳐야 하고, 규제를 받아야 하는지 이해가 되지 않습니다. 누구처럼 집을 지어서 투기하겠다는 것도 아닌데, 지나친 역차별 아닙니까?”

“반도체 클러스터 조성을 위해 정부에서 수도권 규제를 완화한다고 한 게 2019년입니다. 제3차 수도권정비계획에 따른 국가적 필요성 검토를 거쳐 국토교통부 수도권정비위원회 심의를 통해서 규제를 완화하겠다고 했지만, 최근에서야 상수원보호구역 해제, 용적률 제한 완화 등이 이루어졌습니다. 세계 최고 수준의 반도체 메가 클러스터를 만들기 위해서는 좀 더 신속히, 규제를 풀어야 합니다.”

“우리 고장은 상수원보호구역, 수변구역으로 묶여 수십 년째 개발이 제한되어 있습니다. 사실상 서울 사람들이 마실 물 때문에 경기도 사람이 희생해야 한다는 건 형평성이 맞지 않습니다. 그리고 지금 누가 수돗물 마시나요? 생수를 사서 마시거나 정수해서 먹지 않습니까? 과거 해묵은 규제를 현실에 맞게 과감히 개혁해 주십시오.”

“그린벨트는 누구를 위한 그린벨트인가요? 서울의 무분별한 확장과 난개발을 막기 위해서 그린벨트를 만들었다고 들었는데, 실제 경기도민 입장에서는 불편한 점이 하나둘이 아닙니다. 그린벨트 해제도 보면 경기도가 아닌 지방을 중심으로 이루어지는데 그린벨트를 현실에 맞게 합리적으로 조정할 대책이 있으신가요?”

"땅을 파는 게 겁이 날 지경입니다. 공사를 시작해서 땅을 파다가 문화재 비슷한 거라도 나오면 당장 공사가 중단되고, 공사를 재개하려면 몇 달이 걸릴지, 몇 년이 걸릴지 모를 지경입니다. 문화재 보호도 중요하지만, 국민의 재산권도 지켜져야 하는 것 아닌가요?"

"사업이 잘되더라도 문제입니다. 공장을 더 지어 사업을 확장하려 해도 공장총량제로 인해 공장 짓는데 어려움이 있습니다. 이렇게 해놓고 중소기업을 살리겠다고 하고, 지역경제를 활성화하겠다고 하니. 앞뒤가 맞지 않습니다. 삼성, 현대, SK같은 대기업들은 엄청난 규모의 공장을 척척 짓는데, 너무 불평등한 것 아닌가요?"

"균형발전, 균형발전 하는데, 정치인들이 현실을 모르고 정치적인 발언만 하는 것 같습니다. 지방이 소멸한다고 하잖아요. 그게 저기 경상도나 전라도 얘기가 아닙니다. 경기 북부지역도 인구가 점점 줄어서 당장 통폐합해도 이상할 것 없는 곳이 하나 둘이 아닙니다. 인구 100만 명이 넘는 지역만 경기도가 아닙니다. 인구 4만 명, 6만 명인 지역 사람들도 경기도민입니다. 이중 삼중의 규제로 발목을 잡지 말고, 이곳에 사는 사람들도 잘 먹고, 잘 살 수 있는 대책을 마련해야 하는 것 아닌가요?"

"미군 부대가 떠난 후 지역경제가 급격히 어려워졌습니다. 미군 부대가 있어서 사고도 나고 문제도 많았지만, 아무런 대책 없이 미군이 떠난 이후 지역 주민들은 먹고 살기가 막막합니다. 가게 문닫고 떠난 사람도 많고 어떤 때는 유령지역 같다는 생각도 드는데, 마땅한 해결 방법 없을까요?”

경기도민의 이야기를 정리해 보면 특별한 혜택을 바라는 것이 아니라, 부당한 역차별을 풀어달라는 것이다. 그리고 지연된 권리를 회복해 달라는 요구이다.

경기도는 수도권개발제한구역을 비롯하여 과밀억제권역, 성장관리권역, 자연보전권역, 상수원 수질보전 특별대책지역, 상수원보호구역, 수변구역, 군사시설보호구역 등 8개의 중첩 규제로 개발이 제한되어 있다.

중첩 규제의 문제는 남양주시, 광주시, 하남시, 포천시, 파주시, 김포시, 양평군 등 경기도 전역에 걸쳐 있는 문제이기도 하다.

과밀 · 성장억제권역에서는 산업단지 총량제와 공장 총량제 등으로 인해 산업 입지가 규제되며, 4년제 대학의 신 · 증설이 금지되어 있다.

“제가 태어날 때부터 환갑이 넘도록 수십 년 동안 고향을 지키며 살고 있습니다. 제 땅에 집 짓고 살겠다는데 간섭이 너무 많습니다. 예전에 축사였던 지역은 신지역이 들어서면서 천지개벽을 했는데, 세상에 이런 법이 어디에 있습니까?”

지역 주민의 이 하소연은 결코 과장이 아니다. 상수원보호구역은 1924년 처음 도입된 이후, 1962년부터 본격적으로 구역 지정이 이루어졌고, 100년이 지난 지금까지도 기본 구조가 거의 변하지 않은 채 유지되고 있다.

그 결과 남양주시, 광주시, 하남시, 양평군 등 해당 지역에서는 상수원을 오염시킬 수 있다는 이유로 각종 행위가 엄격히 제한되어 왔다.

100㎡ 이상의 건축물 신축은 물론, 나무를 베거나 토지를 굴착하는 행위까지 원칙적으로 금지되거나 사전 허가를 받아야 한다.

문제는 그 사이 사회와 기술이 크게 변했다는 점이다. 폐수 처리 기술은 과거의 단순한 물리·화학적 처리 방식을 넘어, 미생물을 활용한 생물학적 처리, 미세 오염물질 제거, 폐수 재이용 기술까지 포함하는 수준으로 비약적으로 발전했다. 수질을 훼손하지 않으면서도 건축과 토지 이용이 가능하도록 하는 기술 역시 함께 발전해 왔다.

그럼에도 불구하고 규제의 틀은 수십 년 전 기준에 머물러 있으며, 행정 편의적인 일률 규제가 그대로 적용되고 있는 것이다. 그 결과 수많은 주민이 장기간 재산권과 생활권 침해를 감내해야 하는 상황이 이어지고 있다.

이 같은 문제는 경기도 동부 지역에만 국한된 것이 아니다. 경기 북부 지역 역시 중첩 규제로 인해 산업 인프라 조성, 투자 유치, 지역 발전 전반에서 심각한 제약을 받고 있다.

경기 북부권 개발을 가로막는 대표적인 규제가 바로 군사시설보호구역이다. 군사시설보호구역은 군 작전과 훈련의 원활한 수행을 목적으로 외부인의 출입과 개발 행위를 제한하는 구역으로, 군 장병 관사나 생활관을 제외한 대부분의 개발이 사실상 불가능하다.

휴전선과 맞닿아 있는 파주시는 군사시설보호구역과 수도권 규제가 중첩되면서 오랜 기간 지역 발전의 기회를 제한받아 왔고, 수도권 내에서도 상대적으로 저평가되는 구조가 고착되었다.

그렇다면 수도권 규제를 강화해 인구 유입과 난개발을 막겠다는 당초 목적은 과연 달성되었는지 궁금하다.

경기도 인구는 1970년 253만 명에서 1980년 493만 명으로 늘었으며, 2000년에는 1,043만 명을 넘어섰다. 그리고 2025년 현재 약 1,420만 명에 이르렀다. 강력한 규제에도 불구하고 수도권 인구 집중은 막지 못했고, 그 부담과 희생은 고스란히 경기도민에게 전가되었다.

규제의 필요성을 부정하는 것이 아니라, 이제 시대 변화와 기술 발전을 반영해 규제의 방식과 강도를 재설계해야 할 때이다. 공익과 주민의 권리, 환경 보호와 지역 발전이 균형을 이룰 수 있도록 보다 합리적인 전환이 요구되고 있다.

실효적
규제 디톡스

· · ·

경기도 전역이 규제에 꽁꽁 묶여있다고 해도 과장이 아니다. 이러한 구조 속에서 경기도는 서울시뿐만 아니라, 다른 광역자치단체들과도 서로 다른 출발선에 서 있게 되었고, 그 결과 여러 정치인이 앞 다투어 규제 혁파를 주장해 온 것도 사실이다.

규제를 둘러싼 사회적 인식에는 분명히 오해가 있다. 규제를 무조건 없애는 것이 곧 좋은 정치이고, 바른 행정이라는 식의 단순한 구호가 그것이다.

하지만 규제는 본래 사회적 약자를 보호하고, 공동체의 질서와 안전을 지키기 위해 정부가 마련한 제도적 장치이다. 규제를 바라볼 때에는 타파 대상이냐 유지 대상이냐를 이분법적으로 나누기보다, 그 기능과 부작용을 함께 살펴보는 균형감 있는 판단이 필요하다.

규제는 결코 고정불변일 수 없다. 사회 환경이 변하고 기술이 발전함에 따라 새롭게 도입되기도 하고, 역할을 다한 규제는 완화되거나 폐지되기도 한다.

때로는 규제를 유지하는 데 드는 사회적 비용과, 규제를 통해 얻는 공익적 효과를 비교해 합리적으로 조정하는 과정도 필요하다.

따라서 규제는 척결해야 할 절대적 악이 아니라, 사회의 균형을 유지하기 위해 불가피하게 작동하는 제도이다. 불합리한 규제는 과감히 개선하되, 과거의 낡은 규제는 현실에 맞게 보완하고 수정해야 하는 이유가 여기에 있다.

위성사진으로 대한민국 전역을 살펴보면, 서울을 둘러싸듯 형성된 푸른 띠를 확인할 수 있다. 흔히 말하는 그린벨트이다.

그린벨트 제도는 1919년 영국에서 시작되어 무분별한 도시 확장을 막기 위한 정책으로 도입되었고, 우리나라에서는 1971년 서울을 시작으로 1977년까지 14개 지역권에 지정되었다.

이 제도는 개발이 급격히 이루어지던 시기에 서울의 난개발을 막고, 도시의 숨통을 틔우는 중요한 역할을 했다. 대표적인 규제였지만, 그 자체로는 분명히 공공적 가치를 지닌 제도였다.

이제 필요한 것은 규제의 취지와 효과를 되짚으며 오늘의 현실에 맞게 재설계하는 일일 것이다.

"일본 하네다 공항에서 도쿄 시내까지 가는 길은 우리나라 같은 녹색의 완충지대 없이 빽빽하게 집들로 들어차 있습니다. 겹겹이 놓인 집들을 보면 숨이 턱 막히는데, 거기에 비하면 우리나라에는 그린벨트가 있어서 다행이라는 생각이 듭니다."

일본의 한 도시계획 전문가는 수도 도쿄도와 그 주변 지역에 인구가 집중되면서, 주택과 빌딩이 사실상 무제한적으로 확장되었다고 지적하고 있다. 그 결과 중심 지역이 주변 중소 도시와 서로 맞붙어 하나의 거대한 띠 모양의 도시권을 형성하게 되었다. 이런 띠 모양의 거대도시화를 도시연담화conurbation현상이라고 한다. 동시에 교외 지역이 계획 없이 외곽으로 무분별하게 퍼져나가는 스프롤sprawl식 난개발도 심화되었다.

이러한 무질서한 개발은 교통체증을 일상화했고, 대기오염을 비롯한 환경 문제를 심각한 수준으로 악화시켰다. 결국 도쿄의 지역개발은 과도한 집중과 통제 없는 확장이 결합된 대표적인 실패 사례로 평가받게 되었다.

이에 비하면 한국의 상황은 상대적으로 나은 편이다. 서울과 경기도 일부 지역이 난개발의 부담을 안고 있는 것은 사실이지만, 산과 강, 그리고 그린벨트라는 제도적 장치를 통해 서울의 무제한적인 확장은 일정 부분 억제되어 왔다. 이러한 점은 우리나라 도시정책이 최소한의 균형을 유지해 온 중요한 기반이라고 할 수 있다.

경기도 남북 격차를 심화시킨 낡은 규제

수도권 인구 유입에 따른 개발은 중앙정부에 의해 주도된 1기, 2기 신도시와 경기 남부 산업단지에 집중되었다. 그 결과 경기도 내부에서 남부와 북부 간 인구, 산업, 일자리의 격차가 구조적으로 고착되었다.

2025년 기준 수원시·고양시·용인시·화성시는 각각 인구 100만 명을 넘어섰고, 성남시 역시 90만 명을 넘어섰다. 반면 경기 북부에 위치한 가평군은 약 6만 명, 연천군은 4만 명을 겨우 넘는 수준에 머물러 있다. 이처럼 경기 남부와 북부는, 이미 인구 규모 격차가 뚜렷한 양극화 단계에 이르렀다.

이는 수십 년간 천편일률적으로 적용되어 온 낡은 규제가 더 이상 지역 균형발전에 기여하지 못하고 있음을 보여주는 단적인 사례이다.

산업단지와 주요 행정기관, 생활 인프라 역시 경기 남부에 집중되어 있고, 북부 지역의 생활 기반은 상대적으로 취약하다. 경기도 내 주요 대학 대부분이 경기 남부에 위치해 있어, 교육·연구 인프라의 불균형도 심화되고 있다.

이처럼 불합리하고 불균형적인 구조를 극복하고 글로벌 경쟁력을 갖춘 경기도의 미래 전략을 마련하기 위해서는, 수십 년 전 일괄적으로 설정된 각종 규제를 현실에 맞게 재검토할 필요가 있다.

지역 여건과 환경을 세밀하게 분석해 규제를 세분화하고, 필요한 곳에는 핀셋처럼 선택적으로 완화하는 접근이 요구된다. 지금이야말로 '규제 디톡스detox'가 필요한 시점이다.

특히 경기 북부에 이중·삼중으로 중첩된 규제를 합리적으로 개혁해, 오랜 기간 지연되어온 권리를 회복할 수 있도록 해야 한다.

실제로 규제가 집중된 경기 북부의 1인당 지역내총생산GRDP은 경기 남부의 약 60% 수준에 불과하다. 인구 규모는 전국 3위 수준

임에도 불구하고, 1인당 GRDP는 17개 시·도 가운데 최하위권에 머물러 있다.

규제를 합리화하는 것만으로도 경기 북부의 성장 잠재력을 회복할 수 있으며, 이는 경기도 전체의 균형발전과 국가 경쟁력 강화로 이어질 것이라는 전망이 우세하다.

전략적 개발, 메가 리전 경기도

이재명 대통령께서도 "모두를 위한 특별한 희생에는 특별한 보상이 주어져야 한다"고 말씀하시며 경기 북부 개발에 대한 의지를 밝힌 바 있다.

지난 반세기 넘게 우리나라의 안보를 떠받치며 희생해 온 경기 북부 지역에 대해, 이제는 그에 상응하는 보상과 전환의 시간이 필요하다는 목소리가 커지고 있다.

군사시설 보호와 안보를 이유로 묶여 있던 규제를 합리적으로 조정하고, 미군 반환 공여지와 그 인근 지역을 대상으로 지역의 특수성과 역사성을 살린 개발을 서둘러야 한다는 요구이다.

구체적으로는 우리나라 안보 역량의 한 축을 담당할 K-방산 산업단지 조성과, 디지털 주권을 뒷받침할 소버린 AI 기반 데이터센터 집적단지 조성이 필요하다는 제안이 제기되고 있다.

아울러 이러한 산업을 운영할 연구자와 기술자들이 안정적으로 정착할 수 있도록 주거·교육·의료 등 생활 인프라를 함께 확충해, 미군 이동 이후 침체된 지역경제를 회복해야 한다는 주문도 이어지고 있다.

경기도에는 6·25의 상흔이 곳곳에 남아 있다. 포천의 방어 벙커, 연천의 비무장지대DMZ 박물관, 유엔군 화장장 시설 등은 잘 기획하고 제도를 정비한다면 지역경제를 살리고 세계적인 명소로 발전시킬 수 있는 소중한 자산이다.

경기 북부와 동부는 남부와 서부에 비해 산업 기반이 취약하고, 현재는 서울의 위성도시로서 주거 기능에 치우쳐 있는 구조이다. 이러한 문제의 해법을 단순히 행정구역을 나누는 분도分道에서 찾을 수는 없다.

제도적 정비와 산업·일자리 기반 마련 없이 행정구역만 나누는 방식은, 오히려 행정 비용을 늘리고 지역 간 격차를 고착화할 위험이 크다.

성장 동력이 없는 분도는 지속가능한 발전도, 실질적인 균형발전도 담보할 수 없다.

중요한 것은 경계를 나누는 것이 아니라, 성장의 토대를 만드는 일이다. 규제의 합리적 조정, 산업 인프라 확충, 교통과 생활 기반의 정비를 통해 북부와 동부가 스스로 성장할 수 있는 조건을 갖추는 것이 우선이다. 그 위에서 지역의 특성과 잠재력에 맞는 발전 전략을 마련할 때, 비로소 균형발전은 현실이 될 수 있을 것이다.

오히려 반도체-AI-방산으로 이어지는 혁신 벨트를 구축하는 비전으로 가야한다. 세계적 인재를 끌어들이며, 경기도가 지닌 자연·역사·산업적 매력을 유기적으로 결합해 도쿄권·뉴욕권과 경쟁할 수 있는 메가 리전Mega-Region가 되는 것이 경기도의 비전이다.

더 나아가 전쟁과 평화를 몸으로 체감할 수 있는 이들 지역을 하나의 축으로 연결해 '평화 순례자의 길'을 조성한다면, 지역경제 활성화는 물론 산티아고 순례길에 견줄 수 있는 국제적 관광 자산으로 성장시킬 수도 있을 것이다.

중첩 규제의 문제는 비단 경기 북부와 동부에만 국한되지 않는다. 화성시와 용인시를 비롯해 시흥시, 김포시 등 여러 기초자치단체 역시 수도권 개발 제한, 군사시설 보호구역, 공장 설립 제한 등 복합적인 규제의 영향을 받고 있다.

이제는 경기도 전역에 이중·삼중으로 얽힌 규제를 합리적으로 재조정하고, 각 지역의 지리적·환경적·문화적 특성을 반영한 맞춤형 성장 전략을 수립해야 할 것이다. 규제의 목적은 유지하되, 시대에 맞게 조정하는 지혜가 요구된다.

특혜가 아닌
지연된 권리 회복

· · ·

경기도에 필요한 것은, 특별한 혜택이 아니라 수십 년 간 발목을 잡아 온 규제를 합리적으로 조정하는 것이다.

50년, 100년 전 규제, 재정비 로드맵

경기도는 대한민국을 넘어 세계의 주요 지역과 경쟁하고, 그 과정에서 축적한 경쟁력과 자산이 다른 지역으로 자연스럽게 확산되는 구조를 만들어야 한다. 이른바 트리클다운trickle down 효과를 통해 대한민국 맏형 광역자치단체로서의 역할을 준비해야 할 시점이다.

이를 위해서는 수십 년 전에 만들어진 불합리하고 불평등한 '덩어리 규제'를 변화된 사회 환경과 기술 수준에 맞게 재분석해야 한다. 규제를 무작정 없애는 것이 아니라, 성격과 목적에 따라 분리하고 잘게 쪼개어 꼭 필요한 부분만 남기고, 불합리한 부분은 핀셋으로 정확히 해제하는 정교한 접근이 필요하다.

100년 전의 상수원 보호 개념과 규제 방식이 오늘날까지 그대로 적용되고 있는 현실을 직시해야 한다. 수질 관리 기술의 발전, 사회 구조의 변화, 환경 여건의 변화에도 불구하고 과거의 기준에 머무르는 것은 흐르는 강 위에 표시를 해두고 칼을 찾는 '각주구검刻舟求劍'의 오류에서 벗어나지 못한 것이다.

이제는 규제 역시 시대에 맞게 현행화 되어야 한다.

오늘날의 도시는 과거의 지역화와 전혀 다른 방식으로 성장하고 있다. 이른바 '승자독식 도시화Winner-take-all urbanism'가 진행되며, 전 세계의 자본과 인재가 경쟁력을 갖춘 지역으로 집중되는 메가 리전Mega-Region의 시대가 도래했다. 국가 간 경쟁을 넘어, 지역의 경쟁력이 곧 국가 경쟁력을 좌우하는 시대가 된 것이다.

경기도가 메가 리전으로 도약한다는 것은 수도권 일극 집중을 강화하겠다는 의미가 전혀 아니다. 오히려 성장의 밀도를 높이고, 그 성과가 다른 지역으로 확산될 수 있는 구조를 만들고자 하는 것이다.

규제를 합리적으로 조정하고, 경기도의 특성과 잠재력에 맞는 발전 전략을 수립할 때, 경기도는 우리나라 전체의 경쟁력을 끌어올리는 핵심 축으로 자리매김할 수 있을 것이다.

글로벌 스탠더드, 경기도

경기도는 더 이상 서울의 위성 지역이 아니다. 경기도 고유의 역사와 정체성을 바탕으로, 이미 갖추고 있는 우수한 교육환경과 풍부한 경제적 기회, 높은 수준의 문화 인프라, 탄탄한 인적 네트워크, 그리고 세계 최고 수준의 첨단 기술력을 결집할 수 있다. 이를 토대로 경기도만의 성장 전략을 수립할 수 있다. 글로벌 투자와 기업, 인재를 끌어들이는 주체로 한 발 더 앞으로 나아가야 할 시점이다.

우리가 규제를 혁파하려는 이유는 단순히 공장을 짓기 위서서가 아니다, 규제로부터의 탈출은 경기도가 가진 유무형의 자원을 도민 모두가 누리는 '공유와 성장의 플랫폼'으로 전환하는 과정이다.

경기도의 경쟁력을 높이는 일은 단순히 국제적 위상을 높이는 데 그치지 않는다. 지역의 부를 축적하고, 그 성과가 다른 지역으로 확산되는 구조를 만들어 국가 전체의 성장과 균형발전을 이끄는 전략이기도 하다.

비유하자면, 공의 한쪽을 눌러 다른 쪽을 펴는 방식이 아니다. 공 전체에 공기를 불어넣어 더 크고 단단하게 만드는 길이다.

이재명 정부에서 추진된 반도체 클러스터 규제 개선 사례는 그 가능성을 보여준다. 소방법과 방화구획 기준을 합리화하고 에너지 특례를 도입해 건설 기간을 단축한 것은 단순한 비용 절감을 넘어, 글로벌 시장에서의 '시간 경쟁력'을 확보한 조치였다. AI, 모빌리티, 반도체, 방위산업 등 미래 산업이 불필요한 규제에 막히지 않고 도전할 수 있는 공간을 조성해야 한다.

그렇게 될 때 경기도는 특정 기업이나 일부 지역의 성과가 아니라, 도민과 인재 모두가 성장의 성과를 함께 나누는 세계적인 경쟁 지역으로 도약할 수 있을 것이다.

끝으로 다시 강조하고 싶은 점이 있다. 규제는 무조건 없애야 할 대상이 아니라, 시대 변화에 맞게 다시 설계해야 할 공공정책이다. 그 출발점은 경기도의 현실을 정확히 직시하고, 지금의 시대에 걸맞은 질문을 던지는 데 있다.

희망 자리

1판 1쇄 인쇄 2026년 2월 12일
1판 1쇄 발행 2026년 2월 20일

지은이　추미애
발행인　김소양
편 집　권효선
마케팅　이희만

발행처 우리글
출판등록번호 제321-2010-000113호
출판등록일자 1998년 06월 03일

주소 경기도 광주시 도척면 도척로 1071
마케팅팀 02-566-3410 **편집팀** 031-797-3206 **팩스** 02-6499-1263
홈페이지 www.wrigle.com

ⓒ 추미애, 2026

ISBN 978-89-6426-123-1　　03340